1권

초고령사회
뉴노멀시리즈

新노년의 삶, 웰에이징 트렌드

유선종 · 최희정 지음

New Normal

박영사

머리말

　출산율 감소와 평균수명 증가로 인한 급속한 고령화와 인구구조의 변화는 지금까지 우리 사회가 경험하지 못한 큰 변화이다. 우리나라의 베이비붐 세대가 노인이 되는 짧은 시간에 압축적인 고령화 현상과 직면하면서 건강 장수를 위한 준비, 노후의 삶을 위한 경제적 준비, 노후 여가문화의 개발, 노인대학 등의 교육, 가족·친지와의 관계 등 은퇴 이후 30~40년에 이르는 삶에 대한 질적 향상을 위한 노력을 더는 미룰 수 없다.

　지금까지 노인주거는 우리 사회에 있어서 해결되어야 하는 많은 사안 중 하나였지만, 급속한 고령화로 인해 이제 시급하고 중요한 현안이 되었다.

　인생 100세 시대 대응 전략(보건복지부, 2011)에서 1954년생 남자의 39.6%, 여자의 46.2%가 98세까지 생존하리라 전망하였다. 수명 100세 시대라는 말이 낯설지 않은 오늘날, 60세에 퇴직한다고 가정할 때 40여 년의 여생이 기다리고 있어, 수명 100세 시대를 대비한 노후설계는 청년기부터 요구된다. 건강하게 준비된 장수는 축복이지만, 준비되지 않은 채 맞이하는 장수는 재앙이라는 냉혹한 현실을 자각해야 한다.

　노인의 가령(加齡)과 더불어 노인주거에 대한 중요성은 커지고 있으며, 노인의 시설 입소와 노인 세대의 주거 안정을 위한 다각적인 주거 정책이 필요하다. 주거 문제는 노인복지의 핵심적인 부분으로 주택시장에서 노인가구가 차지하는 영향력이 커지고 있다.

　노인주택이 고령자의 주거 안정 및 삶의 질 향상에 기여하기 위해서는 노인의 욕구에 부합되는 다양한 주거의 선택지가 마련되고, 주택 및 거주자에 대한 지속적인 사후관리 및 필요 서비스의 제공이 중요하다. 따라서 고령자가 경제적 상황, 건강 상태, 현 주거상태, 가족 특성, 여가생활 등 자신의 상황에 맞는 고령자 주택을 선택할 수 있도록 다양한 주거유형과 서비스가 개발되어야 한다.

이 책은 고령자의 노후생활과 노인의 주거에 대하여 더욱 쉽게 이해할 수 있도록 우리보다 앞서 초고령사회를 경험하고 있는 일본의 사례를 중심으로 설명하는 데 역점을 두었다. 우리나라에 다가오는 고령화와 관련된 미래사회는 일본의 노인주거시설에 대한 통찰을 통해 간접경험을 할 수 있기 때문이다.

또한, 기존의 문헌은 기존 노년 세대를 대상으로 한 내용이 주를 이루고 있으나, '초고령사회, 뉴노멀 시리즈'라는 책 제목에서도 알 수 있듯이 이 책에서는 기존 노년 세대는 물론, 액티브 시니어라고 불리는 신 노년 세대를 아울러 시야에 담고 집필하였다.

특히, 고령자 개인의 관점은 물론 지역사회와 헬스케어 비즈니스의 관점을 포함하여 관련 제도 및 노인주거 시장을 검토하고 분석하였다. 100세 시대가 시작된 현시점에서 일본의 노인주거와 헬스케어 시장에 대한 통찰을 통해 우리나라에 의미 있는 시사점을 도출하고, 시대 변화에 맞는 노후생활 및 노인주거의 전개를 담아내려는 목적으로 저술하였다.

이 책은 노년기의 당사자와 그들을 대상으로 비즈니스를 하는 사업자들의 입장에서도 충분히 활용할 수 있는 내용으로 구성하였다. 급변하는 사회의 속도에 맞춰 시행착오를 최소화하면서 초고령사회를 지혜롭게 맞이할 수 있는 즐거운 노력이 이 책과 함께 이루어질 수 있기를 바란다.

이상과 같은 내용을 정리하기 위하여 일본의 Senior Business Market Report를 비롯한 일본과 우리나라의 많은 문헌을 접했으며, 일본 내의 노인주택 전문가로부터 조언도 듣고 다양한 사업개발 사례를 조사하였다.

이 책의 원고를 흔쾌히 출고해준 박영사의 노현 이사님과 편집부 김민조 님을 비롯하여 원고 집필 과정에서 아낌없는 격려와 지지를 보내주신 정재길 권사님, 배기욱 연구원님, 이은정 박사님, 장준영 대표님, 원고 정리 과정에서 일본의 문헌을 함께 읽고 정리해 준 큰딸 하라, 원고 정서 과정에서 시간과 노력을 아끼지 않은 김지은, 김예은, 이하림 원생 등 원고가 출간될 수 있도록 도움을 주신 분들께 감사의 마음을 전한다.

Soli Deo Gloria!

2023년 3월
공동 저자 유선종·최희정

차례

✿ **초고령화와 뉴노멀**

✿ **한일의 고령화와 노인주거시장의 변화**

에이징테크

일본 노인 주거 시장의 사업자

초고령화와 뉴노멀

뉴노멀 시대, 헬스케어 시장

노년기의 뉴노멀(New Normal)

2020년 코로나 바이러스의 확산으로 우리 일상에 크고 작은 변화가 생겼다. 그러면서 뉴노멀 시대라는 표현이 우리 사회에 어느새 익숙하게 자리를 잡게 되었다.

뉴노멀(New Normal)이란, '새로움'을 뜻하는 New와 '평범, 보통, 정상'을 뜻하는 Normal 의 합성어로서, 당연하게 여기던 보통의 기준이 새롭게 정의될 때 쓰이는 용어이다. 이러한 정의에 비추어 보았을 때, 전 세계적 팬데믹 상황으로 정치, 경제, 사회, 문화 등 다양한 산업뿐 아니라 개인의 삶의 양식이 변화한 현재를 또 다른 뉴노멀 시대라고 칭할 수 있을 것이다.

코로나 시대 이전부터 있었던 뉴노멀이라는 용어의 사전적 정의를 찾아보면, 다음과 같다.

> 시대 변화에 따라 새롭게 부상하는 표준으로, 과거에 대해 반성하고 새로운 질서를 모색하는 시점에 등장한다. 저성장, 저소비, 높은 실업률, 고위험, 규제강화, 미국의 경제 역할 축소 등이 2008 글로벌 경제위기 이후 세계 경제에 나타날 뉴노멀로 논의되었다. 과거 사례로는 대공황 이후 정부 역할 증대, 1980년대 이후 규제 완화, IT 기술 발달이 초래한 금융혁신 등이 대표적인 뉴노멀의 변화로 꼽힌다. 최근에는 금융위기뿐 아니라 테크놀로지 혁신, 정치 사회 변화, 저출산과 고령화 등으로 인한 삶의 토대를 근본적으로 바뀌는 현상에도 뉴노멀이라는 용어가 사용되고 있다.
>
> 출처: [네이버 지식백과] 뉴노멀[New Normal] (시사경제용어사전, 2017. 11., 기획재정부)

베이비붐 세대가 노년기에 접어들기 시작하면서 노년기에도 뉴노멀이 적용되는 시대를 맞이했으며, 시대의 변화에 따라 '노인'에 대한 정의와 '노년의 삶'에 대한 의미도 새롭게 부상하는 표준이 생겨나고 있다.

코로나19는 또 다른 뉴노멀의 시대를 가져왔다. 코로나19로 인한 우리 사회와 개개인의 삶의 모습 등이 바뀌면서 많이 거론되는 단어로서, 뉴노멀 시대 = 언택트 시대라고 할 수 있을 정도로 언택트 포지션이 중요해진 것이다. '대면'의 접촉을 '비대면'의 접속으로 대신하며 '대면'과 '비대면'은 다양한 방식으로 조합되며 기존의 위계와 관행을 무너뜨리며 새로운 사회질서를 생성하고 있다. 이는 헬스케어 시장에도 적용되는 것으로 이 책에서 중심 이슈로 다루고자 하는 노년기 주거와 라이프 스타일의 변화에도 영향을 미치고 있어 고령사회의 뉴노멀이라는 관점에서 살펴보고자 한다.

한국과 일본 양국 모두 고령사회와 초고령사회가 되면서 노인을 대상으로 한 시니어 시장이 확대되고 있다. 특히, 베이비붐 세대는 기존 노인 세대와 달리 소비의 주체로 자리매김하고 있으며, 경제력을 가진 그들은 노인이 되어도 여전하다. 즉, 한국에서도 시니어 산업 또한 급격하게 확대될 것으로 전망되고 있다.

노인주택 및 요양산업의 규모 비교

한국	6.5조 원(2015년) → 12조 원(2020년), CAGR 13.1%
일본	9.6조 엔(2015년) → 12.4조 엔(2020년), CAGR 5.2%

노인 관련 산업의 추정 규모는 2020년 기준 일본이 한국의 약 10배 수준이다. 일본의 경우는 우리나라보다 고령화 속도가 빠르고, 사회적·제도적 기반이 갖춰져 있는 상황이기 때문으로 이해할 수 있다.

이 책에서는 우리보다 앞서 고령사회를 경험하고 있는 일본의 상황과 제도 변화, 분야별 사례 등을 통해 주거 시장을 포함한 헬스케어 시장이 어떻게 변화하고 있는지 검토하고자 한다.

이미 초고령사회인 일본은 제2차 유료노인주택 건설 붐이 일어난 상태로 사업을 추진하면서 다양한 현상이 나타나고 있다. 또한, 데이케어서비스와 같이 이용자가 사업소에 방문해서 서비스를 이용하는 것이 어려워진 형국에 데이케어서비스 경영도 뉴노멀을 맞았다. 이러한 상황들을 제대로 이해하여 새로운 변화를 맞은 한국의 헬스케어 시장에서 시행착오를 최소화할 수 있도록 다양한 변화에 대한 충분한 검토가 필요하다.

노후 난민

난민

난민의 일반적 의미는 생활이 곤궁한 국민, 전쟁이나 천재지변으로 곤궁에 빠진 이재민을 말한다. 그러나 최근에 발생하는 난민들은 자연적 원인보다는 전쟁이나 정책 등 정치 사회적 원인에 의해 발생하는 경우가 많아 난민 문제는 더 이상 불가피한 재해가 아닌, 사회 제도적 방법으로 해결 가능한 사회문제로 바라보아야 한다.

노후 난민

우리보다 앞서 고령화로 사회문제를 겪고 있는 일본에서 처음 사용된 신조어로, 고령자가 기본적인 '의·식·주' 등에 필요한 서비스조차 받을 수 없거나 가족과 사회로부터 소외되어, 일상생활에 큰 곤란을 겪고 있는 고령자를 '노후 난민'이라고 부른다.[1]

일본은 종신고용제가 붕괴하면서 50대에 퇴직, 은퇴자금 대신 노후 난민 티켓을 받아들게 된 사람들이 증가하고 있다.

이처럼 난민의 어려움은 대부분 천재지변과 같은 불가역적인 원인이 아닌 사회 내 정치적 갈등 및 사회 제도적 미비의 문제에 기인한다. 노후 난민은 그중에서도 인구구조의 변화로 인해 발생한 사회문제라고 볼 수 있다. 이미 노후 난민에 속한 노인들의 숫자도 많지만, 노후 난민 예비군의 숫자도 증가하고 있다는 사실 또한 사회적 문제라고 할 수 있다.

또한, 노후 난민은 사회적 단절 등과 같이 비재무적 요인에 의해 발생할 수 있다는 점에서 재무적 관점의 노인 빈곤 문제와 차별화된다.[2]

넷 카페 난민

일본에서는 노후 난민이라는 표현에 이어 '넷 카페 난민'도 생겨났는데, 이는 50대에 퇴

---

1   フリー百科事典『ウィキペディア (Wikipedia)』
2   강성호, 류건식. (2015). 이슈 노후 난민화 가능성 검토와 향후 과제. KIRI 리포트 (포커스), 328, 1-11.

넷카페 난민
일정한 주거 없이 인터넷 카페(PC방)에서 지내면서
생활하는 사람들을 표현하는 신조어

직하고, 우리나라의 PC방과 같은 곳에서 먹고 자며 일자리를 찾아 헤매는 사람들을 의미한다.

노후 난민, 노후 파산에 빠지는 사람의 특징

사회적으로 고립되어 어려운 상황에 놓였을 때, 가족이나 친구 등 상담을 할 수 있는 사람이 없다면 나라나 제도에 의지할 수도 있다. 하지만 정부로부터 생활보호를 받을 수 있는 상황임에도 불구하고 국가의 도움을 스스로 거부하는 노인도 늘고 있다.

연금 외에 수입을 확보할 수 있는 수단이 없다. 지금 일본의 연금 제도는 위태로운 상황으로 과거와 같이 전면적인 신뢰를 할 수 없다고 해도 과언이 아니다. 그러나, 생활보호에 대해서는 나라에 의지하는 것이 부끄럽다고 거부하면서도, 나라의 연금 제도에는 아직도 의지하려고 한다. 이러한 모순된 상황을 탈피해야 한다.

연쇄 축소의 악순환 가능성

노후 난민이 발생하는 과정은 다음과 같다. 고령층 실업→ 고령층 빈곤 악화 및 자살 증가 → 소비 위축 및 사회보장 비용 증가→ 재정 악화→ 경제활동 위축이다. 이렇듯 노후 난민은 개인만의 문제가 아니며, 결국 소비가 위축되고 사회보장 비용이 증가하는 등 사회 전체의 악순환 고리에 빠질 수 있음을 인지하고 사회적으로도 대응 방안을 마련해야 한다.

우리나라의 경우 베이비붐 세대가 2010년부터 퇴직하기 시작하여 매년 40~50만 명이 은퇴하고 있다. 따라서, 우리나라도 일본의 사례와 같이 노후 난민 티켓을 받아 들게 되는 일이 발생하지 않도록 대비가 필요하다.

하류 노인

하류 노인

하류 노인이라는 용어가 처음 사용된 것은, 일본의 사회운동가 후지타 타카노리(藤田孝典)에 의해서이며, 그의 저서 '하류 노인'이 2015년에 등장하게 된다.[3]

하류 노인이란 '생활보호[4] 수준의 소득으로 사는 고령자 및 그 우려가 있는 고령자'이다. 후지타 타카노리(藤田孝典)는 하류 노인에게 없는 세 가지를 첫째, 현저히 적은 고령기의 수입 상황, 둘째, 고령기를 지내기에 현저히 부족한 저축액, 셋째, 사회적 고립 상태로 주위에 의지할 수 있는 사람이 없는 것으로 정의한다.

즉, 하류 노인은 이러한 안전망을 잃은 상태(수입, 저축, 사람)로, 자력으로는 건강하고 문화적인 생활을 영위하기 어려운 상황에 놓여 있는, 경제적 및 관계적 빈곤을 경험하고 있는 노인이다. 하류 노인은 일본에 약 700만 명 정도 있는 것으로 추정된다.

이미 한국 사회에도 하류 노인은 예고되었다고 할 수 있다. 2020년대의 한국 노인 약 200만 명이 폐지 줍기로 살아가고 있으며, 절대 피해갈 수 없는 사회적 문제라고 할 수 있다.

일본은 고령기에도 근로를 지속하는 것으로 알려져 있으며, OECD에서 조사한 '고령자의 취업률 국제 비교' 자료에서도 다른 나라들에 비해 월등히 높은 취업률을 나타내고 있다.[5] 이는 고령기가 되어도 경제적인 이유로 일을 할 수밖에 없는 일본 사회의 모습이 반영된 결과로 이해할 수 있다.[6]

---

3 藤田孝典. 2015. 下流老人. 朝日新書(한국어 버전은 '2020 하류 노인이 온다')
4 생활보호는 한국의 '기초생활수급'과 같은 의미로 이해할 수 있고, 생활보조비와 주택보조비를 포함한 금액이며, 연간 약 150만 엔 수준이다.
5 이윤주. 2021. 초고령사회 속 '하류 노인' 현상-NHK [노인 표류사회] 시리즈를 통해 본 노후 빈곤 실태. 일본문화학보, 89, 107-125.
6 藤田孝典. 2017. 続・下流老人-1億総疲弊社会の到來. 朝日新書. 89-90.

하류 노인으로 전락 원인

현역 시절에 일반적인 수준의 연 수입을 얻고 있던 사람이라도, 하류 노인에 빠질 위험성이 있는 원인은 질병, 사고, 시설 부족, 캥거루족 자녀, 치매 발병 등이며, 구체적인 내용은 다음과 같다.

- 질병이나 사고로 인한 고액의 의료비를 지속적으로 내야 하는 상황
- 노인 요양 시설 부족으로 입주할 수 없는 상황
- 자녀가 빈곤 근로자층(연봉 200만 엔 이하)이거나 부모에게 전적으로 의지하는 상황
- 황혼이혼에 따른 연금 수급액이나 재산 분배
- 독거노인 상태에서 치매 발병

사회적 영향

하류 노인은 당사자뿐만 아니라, 전 세대의 국민과 관계되는 사회문제가 된다. 만약 이를 방치하면 경제적 부담의 크기만이 아니라 부모와 자녀 세대가 모두가 공멸할 우려가 있고, 노인의 존엄성이 상실되고, 장래 생활상의 불안으로 현역 세대의 소비가 억제되거나 저출산을 가속화하는 요인이 될 수 있다.

또한 지금은 청장년기의 사람이라도 노동임금의 저하, 연금 수급액의 감소, 비정규직의 증가, 미혼율의 증가 등에 의해서 장래에는 하류 노인화할 위험이 높다.

한국은 노인빈곤율이 OECD 국가 중 1위이다. 현재 일본 사회가 당면해 있는 노후 빈곤, 노후 파산 등의 문제를 결코 좌시할 수 없다. 한국 사회의 초고령화는 평균수명의 연장 등으로 잠재적 하류 노인의 증가는 피해갈 수 없는 현실로 사회적 관심과 대응 마련이 필요한 시점이다.

노노(老老) 케어

노노 케어의 의미와 문제점

노노(老老) 케어는 고령의 보호자가 고령의 환자를 돌보는 일을 의미한다. 60대 이상 고령의 부부나 부모·형제 간에 배우자가 상대방의 케어를, 자녀가 부모의 케어를, 형제자매가 상대방을 케어하는 등의 다양한 경우가 있다.

일반적으로 케어하는 측의 생활자금 부족 문제나 간병으로 인해 자신의 여유시간이 없는 경우가 대부분으로, 케어하는 측이 장기요양의 피로로 입원하는 등 공멸할 위험성이 있다. 이러한 상황이 심해져 존속 살인이나 동반자살에 이르는 사례도 있다. 노노 케어 비율은 재택 케어를 하는 가구에서 해마다 증가하고 있으며, 돌봄을 하고 있는 가구의 절반을 차지하고 있는 수준으로 이는 현대 고령사회의 큰 문제가 되고 있다.

2016년 후생노동성 조사에 따르면, 간병이 필요한 65세 이상 노인 환자가 있는 세대 중 주 간병인 보호자가 65세 이상인 세대가 55%였다.[7] 노인이 노인을 돌보는 일은 중노동에 해당하며 돌봄 스트레스가 많이 쌓이는 영역으로 노인 학대로 이어지는 경우도 적지 않다.

연도별 학대피해노인 가구 형태

---

7   조선일보 [특파원 리포트] '노노 케어'와 간병 피로. 2020.06.17. 기사

보건복지부와 중앙노인보호전문기관이 발표한 '2021년 노인 학대 현황 보고서[8]에 따르면 2021년 노인 학대가 6,774건이며, 이 중 65세 이상 노인이 65세 이상 노인을 학대하는 '노노 학대'는 3,133건으로 37.2%에 달하는 높은 수치이다. 또한, 학대 피해 노인 가구 형태를 살펴보면 노인 부부 세대에서 발생하는 학대 건수가 지속적으로 증가하고 있음을 알 수 있다.

아픈 아내 홀로 돌보다 살해...반복되는 '간병살인' 해결책은

기사입력 2021.12.26 09:41   최종수정 2021.12.26 10:15

치매 아내 돌보다 자식에게 짐될까 '극단 선택' 결심
간병, '사회적 책임'이라는 인식 확산됐지만...사적 간병의 약 90% '가족돌봄'

다음의 자료를 보면 알 수 있듯이 가족 간병, 특히 노노케어가 사회문제화되면서 시사 프로그램이나 뉴스 기사화되고 있는 것을 종종 확인하게 된다.

우리보다 고령화율이 앞선 일본의 경우에도 노노 케어가 보편화되면서 '노노 개호 살인'이 뉴스에 나오는 경우도 있다. 이처럼, 노노 간병으로 인해 간병 살인이라는 끔찍한 결과로 이어지는 사례도 적지 않게 존재하기 때문에 노인 케어는 사회에서 지속적으로 관심을 가지고 중요하게 다뤄져야 할 문제이다.

가족 간병인이 95.7%
'간병으로 신체와 정신이 한계에 몰렸다고 느낀 적이 있다'

가족 간병인 10명 중 3명
'간병이 어려워 환자를 죽이거나 동반 자살을 생각한 적이 있다'

"2019년 11월 후쿠이현(縣)에서 70대 며느리가 남편과 90대 시부모를 수건으로 목 졸라 죽인 사건이 발생해 일본 사회가 충격에 빠진 적이 있다. 며느리는 노환으로 거동이 불편한 시부모를 모시는 와중에 남편까지 뇌경색으로 쓰러지자 홀로 세 사람 수발을 들다 돌이키지 못할 선택을 했다. 효부(孝婦)로 칭송받던 여성이 '개호(介護·간병) 피로'의 늪에 빠져 한순간에 살인자가 됐다. 이른바 '개호 살인'의 전형적인 사례다. 며느리는 정신 감정을 받고 재판에 넘겨졌다."

출처: 조선일보 [특파원 리포트] '노노 케어'와 간병 피로. 2020.06.17.기사에서 발췌

---

8   중앙노인보호전문기관. (2021). 2021년 노인학대 현황보고서, 보건복지부. 서울

식품 사막

식품 사막

식품 사막(Food Desert)은 대형 소매점들이 중심 시가지에서 교외 지역으로 이전하면서 자가용이나 대중교통 수단을 이용할 수 없는 고령층이나 저소득층 등의 취약계층이 녹황색 야채 등 영양 있는 식단을 위한 신선식품을 구매하기 곤란해진 지역과 상황을 의미하는 용어이다.

이 용어는 1990년대 초 스코틀랜드 서부지역의 공공주택지구를 가리키는 용어로 처음 사용되었다.[9] 일본에서는 고령자 측면에서 '장보기 난민'이라는 표현으로 주로 사용되고 있다.

식품 사막의 문제

식품 사막 지역에 거주하는 이들은 균형 잡힌 식생활에 어려움이 있고, 이러한 생활이 장기화되면 건강 악화와 빈곤이 반복되어 개인의 문제를 넘어 심각한 사회문제로 확대될 수 있으며, 국가의 의료·복지비의 증가로 이어지게 된다.

森 隆行(2013)[10]는 식품 사막의 발생 요인을 공간적 요인(절대적 거리, 이동 수단의 부족, 신선식품의 부족 등)과 사회적 요인(빈곤 문제, 사회적 약자의 입장, 사회로부터의 고립 등)으로 구분한다. 이는 발생 지역, 즉 대도시의 재개발지역, 지방 도시, 농촌지역 등에 따라 달라질 수 있다.

식품 사막의 대응

일본에서는 2000년 들어 대형 소매점들이 중심 시가지에서 교외 지역으로 이전하면서 중심시가지 공동화 문제가 발생하기 시작했으며, 2007년 이후 대형 소매점의 교외 집중을

---

9 이누리, 김걸. 2017. 서울시의 식품 사막 사례 연구. 한국도시지리학회지, 20(3). 79-90.
10 森 隆行, 2013, 日本における買い物難民問題とサプライチェーン, 流通科学大学論集—流通·経営編, 26(1), 103-116.

막기 위한 출점규제를 신설하였다.

　이와 관련하여 경제산업성은 민간기업과 공동으로 '쇼핑 난민 지원사업'을 창설하여 소형 밴을 이용하여 생필품을 대신 구매해주는 새로운 쇼핑 기능을 제공하기도 하였다. 또한, 민간에서도 고령화율이 50%를 넘는 대규모 주택단지 내에 편의점 병설형 커뮤니티를 개발하여 운영하는 등의 사례도 등장하고 있다.

한국의 식품 사막

　서울시의 식품 사막 발생 가능성과 유형에 대한 연구[11]를 살펴보면, 우리나라 서울시의 경우 도심(점이지대)과 도시 외곽의 빈곤 지역에서 주로 발생하며 이때 빈곤층과 노인, 장애인이 가장 큰 영향을 받는다. 발생요인으로 빈곤, 거주환경, 고령화, 신선식품 매장 부족 등이 있다.

■ **각국의 식품 사막 발생 현황**

구분	한국(서울시)	영국	미국	일본
발생지역	도심(점이지대)과 도시 외곽의 빈곤지역	도심(점이지대), 도시외곽	도시 외곽, 농촌지역	도시 외곽, 농촌지역
영향 계층	빈곤층, 노인, 장애인	빈곤층, 장애인	교통약자,* 빈곤층	교통약자, 노인
발생요인	빈곤, 거주환경, 고령화, 신선식품 매장 부족**	빈곤, 신선식품 매장부족	이동의 어려움, 신선식품 매장 부족	고령화, 이동의 어려움, 신선식품 매장 부족

* 교통약자는 개인이 차량을 소유하고 있지 않아 장거리 이동이 자유롭지 못한 사람을 말한다.
** 신선 식품매장의 부족은 건강한 식단을 구성할 수 있는 충분한 양과 질을 확보할 수 없는 원인이 된다. 즉, 판매되는 신선 식품의 절대적인 양과 신선함에 있어 문제가 있는 경우를 말한다.

　또한, 영국이나 미국과 달리 우리나라와 일본의 경우 영향 계층에 노인이 포함되어 있는데 양국 모두 급속하게 고령화된 국가로 후기고령자, 독거노인의 증가가 영향을 미치고 있음을 알 수 있다. 이러한 상황을 충분히 고려하여 식품 사막의 대응책 마련을 해나가야 한다.

11　이누리, 김걸. 2017. 서울시의 식품 사막 사례 연구. 한국도시지리학회지, 20(3). 79-90.

사회적 입원

사회적 입원

입원은 본래 병세가 지속적인 간호 또는 의학적 관리를 필요로 하기 때문에 의료기관에 보류하는 조치로 병세가 회복 또는 안정되면 당연히 퇴원하고 필요에 따라 외래진료로 이행하는 것이 본래의 방식이지만, 의학적 관점에서는 이미 입원의 필요성이 없음에도 불구하고 환자나 그 가족의 생활상의 사정에 따라 간병의 대체책으로 입원이 이루어지고 있다는 점이 사회적 입원의 특징이다.

사회적 입원은 입원의 본래의 취지에서 벗어나 반드시 치료나 퇴원을 전제로 하지 않는 장기입원을 지속하는 상태를 의미한다. 일본에서 병원에서 치료가 끝났음에도 불구하고, 갈 곳이 없어 퇴원하지 못하는 상황이 발생하면서 이 용어가 유래되었다.

우리나라에서도 합의된 정의는 없지만, 치료 목적으로 하는 입원이 아니라 생활 및 요양을 목적으로 병원에 머무르는 것을 사회적 입원으로 인지하고 사용하고 있다.[12]

사회적 입원의 원인

일본의 경우, 1963년에 노인복지법이 제정되어 양호노인주택, 특별양호노인주택, 경비노인주택이 설치되었으나 당시에는 노인복지시설 입소에 대한 심리적인 혐오감이 있어, 충분한 활용으로 이어지지 못했다. 이에 1970년대 이후 노인복지시설에서 무료서비스를 시작하면서 노인들의 경제적 부담이 감소했고, 의료의 필요성이 낮음에도 불구하고 입원을 계속하는 사회적 입원이 증가하였다. 당시 사회적 입원의 증가로 일반병상과 요양병상을 전전하는 부적절한 이동이 1년간 약 78만 명에 달했으며, 가족이 원하지 않는 치료를 받는 경우도 발생하는 등 1990년대에 들어 큰 사회문제로 가시화되었다.

한편, 개호보험 제도는 증가하는 사회적 입원을 억제하기 위해 설립된 제도였다. 제도 도입 이전에는 의료의 필요성이 낮음에도 입원하는 예도 있었지만, 치매와 같이 완치가 어

---

12 최인덕. 2022. 사회적 입원 개념 고찰과 비용추계. 비판사회정책, (75), 329-351.

려운 질병은 입원해서 대응할 수밖에 없었기 때문이다. 이러한 상황으로 인해 노인복지시설과 케어주택 등의 요양형 주택을 만들거나 병원에 의한 퇴원 지원체제 강화의 필요성이 대두되었다.

사회적 입원에의 대응

일본 정부는 개호와 의료를 나누어 대응하는 방향으로 사회적 입원의 억제와 노인 의료의 충실화를 도모했다. 후생노동성에서 의료비 적정화 계획을 책정하고, 요양 병상에 대해 노인 보건시설이나 거주계 서비스 시설로의 전환을 통해 사회적 입원에 대응하고 있으나 여전히 불필요하게 존재하는 사회적 입원이 많다.

최인덕(2022)은 사회적 입원에 대해 국가의 책임과 대안 제시가 반드시 이루어져야 하며, 이를 위해서는 지역사회통합돌봄(커뮤니티케어)사업에서 사회적 입원 대상자에 대한 지원방안과 입원 억제를 위한 주거지원 등을 통합적으로 제공하여야 한다고 제언한다.

또한, 노인요양병원의 경우 노화나 노인성 질환으로 인해 심신 기능이 저하되거나 거동이 불편한 노인을 위한 요양서비스를 주로 하고 있는데 이러한 기능의 적절성에 대한 충분한 검토가 필요하다.

사회적 입원의 왜곡을 개선하기 위해서는 의료법상 노인요양병원 대상자로 정하고 있는 '장기입원이 필요한 환자'의 판정 기준을 명확히 해야 한다. 또한, 민간요양병원의 난립으로 인한 과열 경쟁, 수요 확대에 초점이 맞춰지면서 사회적 입원에 집중하게 된 점이 요양병원의 기능 왜곡 및 사회적 비용 증가의 원인이 된 점에 대해서도 제도적인 조정이 필요한 것으로 보인다.[13]

---

13 이경민. 2020. 노인요양병원의 사회적 입원, 왜 발생하는가?. 월간 한국노총, 559호. 40-41.

무연(無緣)사회

무연사회

무연사회(無緣社會)는 2010년 일본 NHK 방송에서 공식 발표되었고,[14] 1인 세대가 늘어나면서 사람 사이에 관계가 없는 사회, 즉 가족이나 이웃과의 유대 등 인간관계가 옅어져 가는 사회를 의미한다.[15]

무연사회는 주로 1인 세대의 증가, 경기 침체, 대규모 청년 실업, 저출산, 고령화 등으로 인해 가족과의 관계인 '혈연(血緣)', 고향과의 관계인 '지연(地緣)', 회사와의 관계인 '사연(社緣)' 등과 같은 유연사회(有緣社會)의 관계에서 유대관계가 단절되는 형태로 나타난다.

일본에서는 저출산 고령화, 여성의 사회 진출에 의한 결혼에 대한 청년층의 의식 변화, 지연·혈연 사회의 붕괴, 개인정보보호법에 의한 프라이버시 보호의 엄격화, 가족이나 사회와의 커뮤니케이션이 희박해지고 SNS에 의한 교류가 주가 되는 청소년 및 청년층과 계속되는 불황으로 베이비붐 세대의 퇴직·고용 감소라는 요인이 서로 겹쳐, 1인 세대는 점점 고립되기 쉬운 사회로 급속히 바뀌고 있다.

2030년에는 일본 가구의 절반이 1인 가구로 예상된다. 이에 따라 혼자 죽음을 맞이하는 무연고사망도 증가할 것으로 예측된다.

일본에서의 무연고 시신은 1개월간의 공지 이후 화장하여 시립, 구립 무연고자 묘역에 안치되어 5년간 보관되었다가 산골(散骨)되거나 시립, 구립 묘지, 신사, 혹은 불교 사원에

---

14 무연사회는 2000년대에 유행하던 일본의 은어였으나, 2010년 NHK에서 같은 주제로 방송 방영된 이후 일본 사회 전역으로 확산함.

15 NHK「無緣社會プロゼックト取材班(2010). 위키백과(https://ko.wikipedia.org/wiki/%EB%AC%B4%EC%97%B0%EC%82%AC%ED%9A%8C)

안치된다.

무연사회가 만연해진 2000년대 이후 일본에서는 무연사망자 등을 대상으로 유품 정리업이 성장하고 있으며, 유품정리인이라는 직종과 유품정리사라는 자격증이 등장하였다. 일본에서는 청소대행업체의 시신 발견 및 청소, 악취, 가족의 시체 인수 거부 등의 문제가 확산되면서 2011년 이후부터 생전에 장례대행업체에 자신의 장례식과 안치 장소를 미리 계약하는 풍조가 등장하였다.

한국의 무연사회

우리나라는 2010년 일본의 NHK 방송이 2012년 국내 방송과 언론을 통해 소개되면서 사회적 문제로 의식되기 시작하였다. 우리나라 또한 일본과 같이 급속도로 초고령사회로 향해 나아가고 있기 때문에 머지않아 가구의 절반이 1인 가구가 되고 무연사회라는 표현이 자연스러워질 것으로 예상된다. 이러한 시기를 대비하여 개인은 물론이고, 국가 차원에서도 다양한 측면에서 준비할 필요가 있다.

현재 우리나라의 무연고 시신 등의 처리주체는 특별자치시장, 특별자치도지사, 시장, 군수, 구청장이며, 무연고 시신 등의 처리 방법은 매장하거나 화장 후 봉안(시행령 제9조)하며, 그 기간은 5년이다. 공고 및 공고 관련 서류는 시행규칙 제4조에 의거 10년 이상 보존해야 한다. 공고 방법은 두 가지로, 첫째, 일간신문 및 장사정보시스템에 하거나, 둘째, 관할 시, 도 및 시·군·구 인터넷 홈페이지와 하나 이상의 일간신문 및 장사정보시스템에 공고하는 것이다.

'무연고 시신'의 정의

① 연고자가 없는 시신 ② 연고자를 알 수 없는 시신 ③ 연고자가 있으나 시신 인수를 거부하거나 꺼리는 등의 시신을 말함.
- 연고자는 장사법 제2조 제16호에 따른 연고자를 의미.
- 연고자를 알 수 없는 시신이란 사망자의 신원이 확보되지 않아 연고자를 알 수 없는 경우 등의 시신을 의미.
- 연고자가 있으나 시신 인수를 거부, 기피하는 경우란 사망자의 연고자가 있음에도 연고자가 사회적, 경제적, 신체적 능력부족 및 가족관계단절 등 불가피한 이유로 시신 인수를 하지 않는 경우 등을 의미.

현대판 보릿고개

현대판 보릿고개

'현대판 보릿고개'는 정년퇴직 후 국민연금을 받을 때까지 소득 공백으로 인해 생활이 어려워지는 시기로, 50대 초중반으로 앞당겨진 정년퇴직과 65세로 뒷걸음질 치는 국민연금의 지급 시기 조절로 인해 발생하였다. 국민연금 총가입자는 국민연금이 도입된 1988년 4,432,695명에서 2022년 4월 기준 22,323,669명으로 5배 이상 증가한 상황이며, 현대판 보릿고개는 베이비붐 세대들의 은퇴와 함께 가시화되고 있다.

출생연도별 국민연금 수급 개시 나이

출생연도에 따라 국민연금을 수급할 수 있는 나이는 다음과 같다.[16]

출생연도	수급 개시 나이
~1952년생	만60세
1953~1956년생	만61세
1957~1960년생	만62세
1961~1964년생	만63세
1965~1968년생	만64세
1969년생~	만65세

국민연금 월급여액 수준

우리나라의 1인당 평균 월급여액은 월 522,718원(2022년 4월 기준)으로, 2021년도 1인 가구 최저생계비(583,444원)[17]에 조금 못 미치는 수준이다.

---

16 국민연금공단 홈페이지(www.nps.or.kr)
17 보건복지부, [2022년 국민기초생활보장사업안내] 247쪽
    https://easylaw.go.kr/CSP/CnpClsMain.laf?csmSeq=1533&ccfNo=3&cciNo=2&cnpClsNo=1

■ 국민연금 월급여액

월급여액(만원)	비율	수급자합계(명)	남자(명)	여자(명)
20만원 미만	15.00%	894,671	366,178	528,493
20만원~40만원 미만	43.58%	2,599,440	1,033,717	1,565,723
40만원~60만원 미만	18.97%	1,131,750	712,120	419,630
60만원~80만원 미만	8.97%	534,953	423,560	111,393
80만원~100만원 미만	5.13%	306,108	275,072	31,036
100만원~130만원 미만	4.59%	273,778	261,828	11,950
130만원~160만원 미만	2.49%	148,443	144,827	3,616
160만원~200만원 미만	1.22%	72,587	71,142	1,445
200만원 이상	0.06%	3,304	3,254	50
계	100.0%	5,965,034	3,291,698	2,673,336

월급여액은 국민연금 월급여액 수준 표와 같이 20만 원~40만 원 미만이 43.58%로 가장 높은 비율을 나타내고 있으며, 다음으로는 20만 원 미만이 15.00%에 해당한다. 즉, 약 60% 정도가 40만 원 미만의 국민연금을 수급하고 있으며, 또한 남성과 비교하면 여성의 비율이 높음을 알 수 있다.[18]

■ 2022년도 생계급여 기준

가구규모 2022년	1인가구	2인가구	3인가구	4인가구	5인가구	6인가구	7인가구
기준 중위소득 (A)	1,944,812	3,260,085	4,194,701	5,121,080	6,024,515	6,907,004	7,780,592
생계급여 선정 및 급여기준 (A의 30%)	583,444	978,026	1,258,410	1,536,324	1,807,355	2,072,101	2,334,178

※ 8인 이상 가구의 선정 및 급여기준 : 7인가구 생계급여 선정기준액에서 6인가구 생계급여 선정기준액을 차감한 금액인 262,076원을 추가함 (8인가구 생계급여 선정기준액 2,596,254원)

---

18 국민연금(www.nps.or.kr), 국민연금 공표통계 2022년 4월 기준

2025년 문제

베이비붐 세대, 후기고령자로 진입

일본 인구구조의 변화로 초고령사회가 되고 사회구조가 분기점을 맞이하여 고용, 의료, 복지 등 다양한 분야에 영향을 미치고 있다. 일본의 인구는 2008년부터 감소하기 시작하는데, 2025년 문제는 단카이세대[19]라고 일컬어지는 베이비붐 세대가 모두 75세 이상인 후기고령자가 되어 초고령사회가 되는 것을 의미한다. 이미 75세 이상인 후기고령자 인구가 1,500만 명을 초과한 상황에서, 약 800만 명 정도 되는 베이비붐 세대가 추가되면, 2025년에는 약 2,300만 명으로 엄청난 숫자가 된다. 즉, 일본 국민의 3명 중 1명이 75세 이상이라는 인류역사상 보지 못했던 초고령화사회에 돌입하게 되는 것이다.

사회적 파급효과

이로 인해 다양한 문제가 발생할 것으로 예상된다. 우선, 의료문제로 병원은 감소하고 있고, 의사와 간호사의 부족은 이미 사회문제가 되고 있는데, 젊은 세대에 비해 의료서비스가 필요한 고령자가 크게 늘게 되어 의료현장이 이에 대응하기 어렵게 될 것으로 보인다.

또한 장기요양의 문제도 있다. 가정 내에서 장기요양이 어려워지는 핵가족화는 진행되지만, 장기요양의 수혜자인 고령자가 급증하여 장기요양서비스 시설과 인력이 크게 늘어나게 된다.

이로 인해 의료와 장기요양에 소요되는 사회보장비의 증가는 심각한 문제가 될 것이다. 젊은이는 감소하고, 고령자가 늘어난다는 것은 노동력인구가 감소하는 것을 의미한다. 이미 인력채용으로 힘겨워하는 기업이 늘고 있고, 이러한 경향은 점점 증가할 것으로 보인다.

또한, 한국 사회와 마찬가지로 일본 또한 저출산 고령사회이기 때문에 생산가능인구는 부족한 상태로, 사회보장비(의료비, 연금 등)는 급증하고 있는 것이 일본의 현주소다. 2022년

19　1947년~1949년 사이에 태어난 일본의 베이비붐 세대.

일본 정부 예산 중 사회보장비는 약 34%(36조 2,735억 엔)로 일반세출 증가분의 약 90%에 해당한다. 2025년에는 의료비만 약 55조 엔이 필요할 것으로 예측하고 있다. 부족한 세수 충당을 위해서는 국가 차원에서 빚을 질 수밖에 없는 상황으로 일본 GDP(국내총생산) 대비 부채 비율은 250%를 넘어 세계 1위 수준이다.[20]

2025년 문제에 대한 대응

초고령사회인 일본은 이미 병원이나 요양시설의 부족은 물론 노동력 감소로 돌봄, 의료 인력도 부족하고, 비교적 저렴한 공공시설인 특별양호노인주택 등은 대기 인원이 넘치는 상황이며, 연간 고립사하는 숫자도 늘어날 것이다.

일본정부는 2025년 문제에 대응하기 위해 지역포괄케어(커뮤니티케어)와 재택의료를 준비하여 추진하고 있다.

의료와 돌봄을 병원에서 지역사회로 이전하기 위해 2025년까지 병상 20만 개 감축을 진행하고 있다. 이는 의료비 지출 억제를 위해 입원 진료보다 지역사회 차원에서 의료와 복지 수요에 대응하는 것으로, 재택의료는 그 핵심이라고 할 수 있다. 현재 재택의료 이용자의 90% 이상이 75세 이상 후기고령자이며, 2025년에는 100만 명을 돌파할 것으로 예상된다.

하지만 여전히 재택의료에 대한 일반적인 인식이 확산하지는 못한 상태로, 말기암 등의 환자를 대상으로 하는 완화치료 정도가 재택의료의 대상이라고 생각하는 경우가 많아, 인식의 개선도 앞으로 해결해 나가야 할 과제 중 하나라고 할 수 있다.

---

[20] 청년의사 2022. 6. 9. 기사 '[창간특집] 2025년이 두려운 일본, 재택의료에서 길을 찾다'
http://www.docdocdoc.co.kr/news/articleView.html?idxno=2024486

호모헌드레드

호모헌드레드의 도래

UN은 평균수명의 증가로 100세 이상 인구가 급증하는 '호모헌드레드(Homo-Hundred)'[21] 시대가 도래하여 각국의 고령화 문제가 심각해질 것으로 전망하고 있다.

호모헌드레드는 라틴어로 '사람, 인류'를 뜻하는 '호모(homo)'와 숫자 '100'을 뜻하는 '헌드레드(hundred)'를 결합하여 만든 합성어로, 인류의 조상을 호모사피엔스(Homo-Sapiens: 생각하는 인간)로 부른 것에 비유하여, 100세 장수가 보편화되는 시대의 인간상을 호모헌드레드라고 칭한다. 이 용어는 UN이 작성한 '세계 인구 고령화(World Population Aging) 2009년' 보고서에서 처음 사용되었다. 이 보고서에서 평균수명 80세 이상 국가가 2000년 6개국에서 2020년 31개국으로 증가하면서 본격적인 호모헌드레드 시대의 진입을 예측하고, 그로 인한 사회 변화에 대비가 필요하다고 전망했다.

노년학자들은 사회의 방향이 100세 시대라는 새로운 패러다임으로 전환되어야 한다고 주장하고 있다. 보건복지부는 2011년에 발표한 연구보고서 "인생 100세 시대 대응 전략"에 1954년생이 98세까지 생존할 확률이 "남자 39.6%, 여자 46.2%"라는 분석 결과를 제시하고 있다. 또한, 우리나라의 100세 이상의 고령인구는 2017년 3,943명, 2018년 4,249명, 2019년 4,874명, 2020년 5,624명으로 점차 증가하고 있다.[22] 이러한 추세에 따라 우리나라 또한 가까운 미래에 호모헌드레드 사회로 진입할 것으로 전망된다.

건강한 상태로 장수하는 것은 축복이지만, 그렇지 못하다면 그 시간은 재앙이 될 수도 있다. 이러한 관점에서 볼 때 '얼마나 오래 사느냐'보다 '얼마나 건강하게 사느냐'가 호모헌드레드 사회의 중요한 과제가 될 것이다.

100세 시대를 단순히 노인이 급증하는 위기의 시대로 해석하기보다는 인간의 전 생애에

---

[21] 인류의 조상을 호모사피엔스(Homo-sapiens: 생각하는 인간)으로 부른 것에 비유하여 100세 장수가 보편적으로 되는 시대의 인간상을 '호모헌드레드'라고 칭함.

[22] 통계청. 인구 동향 조사 및 인구총조사

걸쳐 사회문화·경제·정치적 변혁이 필요한 기회의 시대로 이해하고, 기존의 80세 시대라는 패러다임에서 100세 시대 패러다임[23]으로 전환되어야 함을 이미 10여 년 전부터 노년학자들은 제기하고 있다.[24] 수명 100세 시대에는 수명 80세 시대와는 차별화된 인생 설계(life planning)가 필요하다. 수명 100세 시대에는 생애주기가 기존의 '30년-30년-20년'에서 '30년-30년-40년'으로 바뀔 것으로 예상된다. 태어나서 30년 동안 교육을 받고 나서 30년 동안 직장생활을 한 뒤 40년간 은퇴 생활을 하는 개념으로 생애주기가 바뀌게 되어, 과거보다 노후 기간이 2배나 증가할 것으로 전망되고 있다.[25]

현재의 퇴직 나이인 50~60세 사람들이 수명 100세 시대에 60세로 퇴직한다고 가정할 때 40여 년의 여생을 향유할 장년층으로 간주할 것이므로, 수명 100세 시대를 대비한 노후설계는 젊었을 때부터 시작하는 것이 효과적이다. 준비된 장수는 축복이 될 수 있으나, 준비되지 않은 장수는 재앙이 될 수밖에 없다는 냉혹한 현실을 우리는 직시해야 한다. 100세 시대를 활기차고 행복하게 살 수 있도록 준비하기 위해 전 생애주기에 걸쳐 개별적인 니즈가 충족될 수 있는 방향으로 노후설계를 구체화하여야 할 것이다.

---

23 현재 우리 사회가 성장, 경쟁, 노동생산성에 중점 가치를 부여하고 있지만, 건강수명이 증가하고 생애주기가 길어지는 100세 시대에는 생애 전 단계에 걸친 삶의 질, 행복, 웰빙, 삶의 목적과 의미, 관용과 배려, 세대 간 화합이 사회적 화두로 등장할 것으로 전망.

24 100세 시대 대비 저출산·고령사회 포럼(2011), 인생 100세 시대 대응 전략, 보건복지부, p. 4

25 전홍택·박명호·윤석명 외(2011), 100세 시대, 어떻게 행복하게 살것인가?, 경제·인문사회연구회, p. 124

인생 3막, 10만 시간

'인생 2막'의 일하는 시간(working time)

인생을 3막으로 나눌 때 '인생 1막'은 태어나서부터 25세 전후까지의 대학을 졸업하는 시기로 부모로부터 조건 없는 사랑과 도움을 받는 시기이다.

'인생 2막'은 취직을 해서 사회생활을 시작하고 결혼을 하여 가정을 이루며 사회생활을 통해 주어지는 업무를 성취하고 새로운 가치와 무한한 가능성을 추구해가는 시기로 정년 퇴직하는 약 65세 전후까지의 40년 정도 되는 시기이다. 이 시기는 취직, 결혼, 출산, 이사, 승진, 전직, 가족 및 친척과의 사별 등 희로애락과 생로병사를 겪는다.

'인생 2막'의 단계에서 일하는 시간(working time)을 계산해보면, 25세~65세까지 40년간 월요일부터 토요일까지 매일 8시간씩 공휴일 없이 1주일 중 6일을 근무한다고(토요일도 8시간 근무) 가정하면 1주일에 48(6일×8시간)시간 근무하게 되는데 1년이면 52주, 여기에 40년을 곱하면 99,840시간이 된다.

'인생 3막'의 자유시간(free time)

'인생 3막'은 정년퇴직 후부터 죽음에 이를 때까지로 평균수명으로 적게 잡아도 20년 이상은 족히 되어 보이지만, 계산의 편의를 위해 85세 사망으로 가정하고 계산해보면, 인생 3막의 자유시간(free time)은 뒤의 그림과 같다.[26]

하루 24시간 중 생리적인 욕구를 해소하기 위한 시간으로 하루에 10시간을 제외하면 하루 중 14시간은 자유시간(free time)[27]이다. 14시간(자유시간)에 365일을 곱하고 85세까지라는 전제하에 20년을 곱하면 102,200시간이 된다.

다시 말하면, '인생 2막'에서 40년간 앞만 보고 땀 흘려 성취하고 일하는 시간(working time)보다 '인생 3막'에서 20년간 주어지는 자유시간(free time)이 더 길다는 것이다. '인생 2

---

26 紀平正辛. (2006). 10만 시간의 자유. 幻冬舍.
27 하루 24시간 중 생존을 위해 필요한 시간(먹고, 자고, 썻고... 등)을 제외하면 평균적으로 14시간 정도

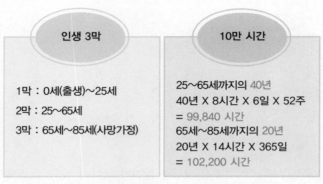

인생 3막	10만 시간
1막 : 0세(출생)~25세 2막 : 25~65세 3막 : 65세~85세(사망가정)	25~65세까지의 40년 40년 X 8시간 X 6일 X 52주 = 99,840 시간 65세~85세까지의 20년 20년 X 14시간 X 365일 = 102,200 시간

하루 24시간 중 생존을 위해 필요로 하는 시간 (먹고 자고 씻고...)을
제외하면 평균적으로 14시간 정도

막'은 많은 준비를 하고 젊음의 패기로 맞서 역동적인 시간을 보내지만, '인생 3막'은 대부분은 별다른 준비 없이 숙명처럼 다가와 버린다.

안정된 건강·경제·마음 누릴 '인생 3막' 준비

오늘날엔 '인생 3막'의 자유시간인 10만 시간이 점점 늘어나고 있다. '인생 3막'을 미리 준비한 사람에게 있어서 10만 시간은 즐겁고, 기대되는 자유시간(free time)일 것이다. '인생 2막'에서처럼 쫓기지도 않을 것이고 경쟁도 그렇게 심하지 않을 것이다. 보람차고 의미 있는 삶을 위해 주어지는 10만 시간이라는 자유시간(free time)을 마음 놓고 즐기면 된다. 그러나 준비하지 않고 맞이하는 사람에게 있어서는 '인생 3막'이 주는 너무나도 긴 자유시간의 홍수 속에서 헤어나지 못하고 혼란스러운 노후를 보내는 재앙과 같은 시간을 보내게 될 것이다.

		대학교수의 정년퇴직
마라톤에 비유	반환점까지의 시간 65세까지의 10만시간에 해당 반환점 이후의 시간 65-85세까지의 10만시간	
65세 이후 필요한 3가지 조건	건강, 돈, 보람(종교)	
정년 후의 시간 활용 현황	남성 : 신문, 잡지 여성 : 지인·친구와 함께 지냄, 여행, 쇼핑	

엔딩노트

배경

2011년 일본 동북부 후쿠시마에서 발생한 강진과 쓰나미 이후, 스스로의 노후에 대한 불안감을 느낀 중년층은 '엔딩노트(Ending Note)'에 가족이나 친지 등 사랑하는 사람들에게 남기고 싶은 말이나 사후 처리방법, 인생에서 남아 있다고 생각되는 시간 동안 하고 싶은 일들, 간호가 필요하게 되었을 때의 희망사항 등을 미리 기록으로 남기려는 경향이 나타났다.

엔딩노트

'엔딩노트'란 인생의 끝을 아름답게 마무리하고자 하는 사람들을 위해 도움을 주는 책으로, 유언장과 비슷하지만 분명한 차이가 있다. 유언장은 보통 재산 상속 등의 자산에 관해 작성하는 경우가 많고 법적인 효력도 있지만 엔딩노트는 인생의 마지막을 내가 직접 결정하고 싶다는 의미에서, 자신이 맞이하고 싶은 죽음의 방식을 미리 기록으로 남겨 놓으려는 의도에서 작성하는 문서로, 평화롭고 존엄한 죽음을 맞기 위한 준비 과정이라고 볼 수 있다.

엔딩노트는 죽음을 의식한 노트가 아니라 인생의 마지막 시간을 어떻게 보내고 싶은지를 생각함으로써 앞으로의 삶과 자신의 마음 깊은 곳을 들여다볼 수 있도록 도와주는 역할을 한다. 즉, 갑자기 판단 능력이 흐려지거나 의견을 표현할 수 없는 상황에 대비해 스스로 죽음을 준비하면서 생을 뜻깊게 마칠 수 있는 기회를 사전에 확보하자는 것이다.

그러므로 노년보다는 인생의 전환기라고 볼 수 있는 중장년 시기에 엔딩노트를 써보는 것은 삶의 소중함을 깨닫게 되는 계기가 될 수 있다. 이처럼, 죽음도 삶의 일부라는 인식이 확산되면서 행복한 죽음을 의미하는 '웰다잉(well-dying)'을 준비하는 사람들이 늘고 있다.

엔딩노트 VS 유언장

유언장	엔딩노트
재산 상속 등 자산에 관해 작성하는 경우가 많고 법적인 효력 있음	자신이 맞이하고 싶은 죽음의 방식을 미리 기록으로 남겨 놓으려고 작성하는 문서, 평화롭고 존엄한 죽음을 맞기 위한 준비 과정

● 엔딩노트 구성

- 나에 대해(학력, 경력, 가족, 나의 추억)
- 가족에 대한 메세지(치매, 종말기치료, 존엄사, 장기기증, 연명치료, 병명고지, 연명고지, 유산 등)
- 건강상태(다니는 병원, 병력, 건강진단결과표)
- 남기고 싶은 말, 남에게 전해주고 싶은 물건
- 추억의 사진
- 유언장(유언의 형식, 유언장 보관장소, 성년후견인)
- 만약의 때가 되었을 때 연락하고 싶은 친척, 친구
- 재산(예금, 적금, 주식, 회원권, 부동산, 보험, 연금, 자동차 대출금)
- 장례식에 대한 희망(장소, 영정사진)

생전장과 라스텔

초고령사회인 일본에서는 다양한 죽음을 동반하는 것이라는 인식이 점차 확대되며 인생회의, end of life care와 같은 삶의 종말기를 생각하게 하는 용어에 관심이 높아졌다.

또한 일본은 2014년부터 개호에 의한 돌봄, 종말기 돌봄, 장의·장례라는 연계가 없으면, 안심할 수 있는 엔딩은 성립하지 못한다는 것을 강조하여 강연이나 컨설팅을 통해 의료, 개호, 장례의 연계를 지지하는 활동을 지속해 오고 있다. 그러나 각각 업계의 맨파워의 문제가 존재하고 있어, 연계의 필요성은 제시하였지만 아직 연구가 부족한 실정이다.

앞으로 연계를 추진하면서 의료, 개호, 장의·장례라고 하는 각각의 업계가 상호 업무를 이해하는 것은 물론, 서로의 업무 영역을 존중하는 자세를 가지는 것이 중요하다. 장의·장례 업계는 의료, 개호에 관한 지식이 부족하고, 의료 개호 업계는 장의·장례 업무 내용을 쉽게 여기는 경우가 많아 연계되지 못하는 사례도 많다.

단기적인 예측으로는 개호사업자, 특히 개호시설 운영자의 장의·장례 서비스에 참여가 가속화될 것으로 보인다. 장의·장례 사업자들은 병원 이외에서의 간병 증가에 대응할 수 있도록 자택이나 개호시설 등 장의회관 이외에서도 장의 시행이 이루어질 수 있는 체제의 강화가 요구된다. 의료사업자가 엔딩 서비스에 발을 디디기 위해서는 현장의 의식 개혁을 포함해 아직 시간이 필요하다.

생전장

생전장(生前葬)[28]은 생전에 친한 친구나 평소 신세를 졌던 사람들을 초청하여 감사의 마음을 전하는 장례문화로서 우리나라보다 먼저 고령사회를 맞이한 일본에서는 생전장에 대해 긍정적으로 생각하고 실천하려는 움직임이 크다. 내용은 특별히 정해진 형태는 없고, 주최자가 자유롭게 결정할 수 있으며 자신이 주최하여 신세를 사람들에게 직접 감사의 말을 전할 수 있다는 장점이 있다.

---

28 https://tamanoya.cocolonet.jp/

생전장을 하는 이유는 크게 3가지로 나뉘는데, 첫 번째는 질병이 진행되기 전에 감사의 마음을 전하고 싶은 마음 때문이다. 이는 주로 자신의 여명을 알고 있을 때 '병이 진행되어 아무것도 할 수 없게 되기 전에 모두에게 이별 인사를 하고 싶다'는 바람에서 비롯된다. 두 번째는 인생의 절기에 친족·친구가 모이는 기회를 마련하고 싶은 마음 때문이다. 고희(古 稀, 70세), 희수(喜壽, 77세) 등 인생의 절기를 이용해 모두를 만나고 싶다고, 생전장을 희망하 는 경우가 있다. 세 번째는 자녀 세대에 장례비용으로 폐를 끼치고 싶지 않은 마음 때문이 다. 생전장이라면 그 비용을 스스로 낼 수 있어 생전장을 희망하는 사람이 있다.

생전장의 방식은 다양한데, 대부분은 무종교 형태로 진행(본인이 희망하면 종교 장도 가능) 한다. 결혼식의 피로연 형태로 친구 대표가 스피치를 하거나, 노래, 악기 연주를 하거나 삶 의 궤적을 영상으로 보여주기도 하는 등 연출 방법은 다양하다. 본인이 희망하면 분향을 하는 등 엄숙한 분위기에서 진행되기도 한다. 장의사의 기획, 본인의 니즈 등이 함께 반영 되어 이로써 세계에서 유일한 생전장이 만들어진다.

생전장의 대략적인 비용은 장소의 규모에 따라 5만 엔~20만 엔의 임대료, 참가자 1인당 의 음식비나 답례품을 합쳐 1만 엔 정도로 계산하고, 특수한 연출 등이 있으면 연출 비용 이 추가된다. 예를 들어, 50명이 참석하는 생전장이면 55만 엔에서 75만 엔 정도 소요되 고, 여기에 연출료가 가산된다. 참석자는 초대장에 제시된 복장을 갖춰 입고 참석하며, 제 시된 회비를 지참하게 된다.

또한, 친척이나 지인 등의 감소, 사회적 고립화 경향이 심화하여 의지할 곳 없는 고령자 를 위한 '가족대행업'도 등장하였으며, 장례 절차의 간소화, 소규모화가 진행되고 있다. 그 예로 도쿄에서 30%를 차지하고 있는 직장(直葬)은 장례식을 거행하지 않고 가족이 간소한 고별식을 한 후 병원이나 자택에서 화장장으로 시신을 옮겨 화장하는 방법이며 생전장을 한 경우에도, 실제 사망 후에 직장은 필요하다.

라스텔

초고령사회인 일본은 화장장 부족으로 인한 '화장 난민'이 생겨나고, 사망자의 증가로 인해 화장까지 기다려야 하는 시간이 길어지는 것은 물론, 시신의 보관장소에 곤란을 겪는 유족들이 늘어나고 있다.

라스텔은 Last Hotel의 줄임말로 고인을 추모하는 공간으로서 화장 순서를 기다리는 시신을 일시적으로 보관하고 유족들도 함께 머무는 시설이며, 도시부에 급속히 증가하 고 있다.

아래는 일본 동경에 위치한 대표적인 라스텔로 1996년 설립되어 청부 및 판매 등 다양한 사업을 운영해오고 있다.

- **회사명:** ニチリョク[29](JASDAQ:7578)
- **설립:** 1966년 12월(자본금: 18억 336만 엔)
- **본사:** 동경도 중앙구 야에스 1-7-20
- **거점:** 라스텔 3개소, 장의사업소 및 지점 10개소
- **사업내용:** 묘지 및 납골당 설치, 판매 및 운영 관리, 석재 제품 설계, 제조, 판매 및 시공, 석재 채굴 및 판매, 장의 관련 업무 청부.

---

29 http://lastel.jp/

인생 회의

후생노동성은 2019년부터 누구에게나 찾아오는 생의 마지막 순간을 위해 '인생 회의 (Advance Care Planning)'라는 용어로 캠페인을 벌이고 있다.

인생 회의란 만약의 경우를 대비하여 자신이 소중하게 여기는 것이나 바람, 희망하는 의료, 케어 방법에 따라 평소에 스스로 생각하고, 신뢰할 수 있는 사람들과 이야기를 나누고, 공유하는 것을 의미한다. 후생노동성은 ACP(Advance Care Planning)의 보급과 계몽을 추진해 왔으며, '인생 회의'라는 애칭으로 부르게 되었다.

후생노동성은 전 국민을 대상으로 인생 회의의 확산과 인식 제고를 위해 인터뷰, 좌담회 등을 실시하고, 학습 사이트를 만들어 운영하고 있다.

인생 회의를 진행할 때 주로 하게 되는 토론 주제는 '당신이 소중하게 생각하고 있는 것은 무엇입니까?', '당신이 신뢰할 수 있는 사람은 누구입니까?', '신뢰할 수 있는 사람과 의료, 케어팀과 이야기해 보았습니까?', '이야기의 결과를 소중한 사람들에게 전하고 공유했습니까?'와 같다.

센츄리언 마켓

초고령사회인 일본에서는 기존의 상품이나 서비스만으로는 건강수명의 연장에 대응하기 어려운 상황이다. 경제산업성은 이를 커다란 유망한 시장으로 보고, 그림과 같이 헬스케어 산업으로 2025년까지 33조 엔 규모의 시장 형성을 위해 다양한 지원책을 내놓고 있다. 특히, 사회보장비의 절감을 포함하여 공적의료보험 및 개호보험 외 서비스 시장은 후생노동성, 경제산업성 양측이 함께 추진해야 할 과제로서 지자체와 기업의 연동과 대기업과 헬스케어계 벤처와의 매칭 등이 필요하다.

즉, 향후 보험 외 서비스는 공적 보험의 대체로서 존재감이 크고, 장수사회의 새로운 축이 될 것으로 예측된다. 이러한 100세 시대에 있어서 새로운 시장을 '센츄리언 마켓'이라고 부르며, 다양한 플레이어가 자신들의 강점을 활용한 상품이나 서비스의 개발을 하고 있다.

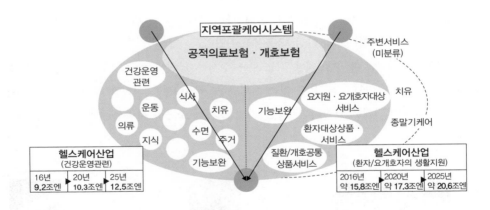

헬스케어 산업의 시장 규모[30]

---

30 月刊 SENIOR BUSINESS MARKET 2020년 4월호 57쪽.

혼합개호 시대

2025년의 지역포괄케어시스템 구축을 위해서 현재 개호보험뿐만 아니라 다음의 그림(혼합개호 시대의 경우 플랫폼)[31]과 같이 보험 외 서비스를 포함한 '혼합개호 시대'의 도래가 예상된다. 즉, 기존 개호보험 시장 규모가 10조 엔에서 15조 엔으로 증가함과 더불어 보험 외 서비스 시장이 0에서 6조 엔으로 새롭게 발생하여 2025년에는 16조 엔~21조 엔 수준이 될 것이다.

도쿄도에서는 토시마(豊島)구가 특구제도를 활용하여 '선택적 개호'(혼합개호를 토시마구에서는 선택적 개호로 칭함)의 검증사업을 구내 9개 사업자와 함께 2018년부터 시작하고 있다. 이 검증사업은 전국으로 확대될 예정이다.

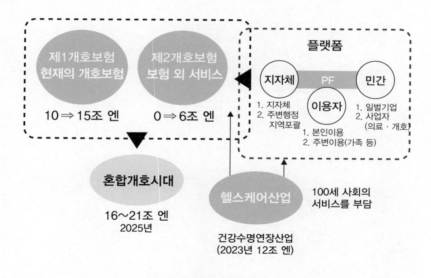

혼합개호시대의 플랫폼

---

31 月刊 SENIOR BUSINESS MARKET 2020년 4월호 58쪽.

현재 확실한 것은 개호보험 비용의 삭감만으로는 공적 보험의 확대나 서비스의 확충이 한정적이라는 점이다. 언제까지나 보험 서비스에 대한 점수가 올라갈 것이라고 기대할 수 없고 안정적인 경영을 위해서는 공적 보험 외의 서비스도 함께 할 필요가 있다.

지역사회에는 현 상태의 보험제도로는 커버할 수 없는 수요도 많아서 민간기업 측에서 보면 커다란 기회일 수 있다. 실제로 민간 기업에서도 2020년대에 들어서면서 빠른 속도로 새로운 서비스가 등장하고 있다. 즉, 공적 보험으로는 사회의 모든 수요를 커버할 수 없으며 이용자나 가족에게 의뢰를 받는 모든 것이 사회적 니즈에 포함될 수 있다.

각 지역 안에서 발 빠르게 이러한 수요를 파악하여 서비스를 제공할 수 있느냐의 여부가 향후 사업자가 살아남을 수 있는 중요한 사항이라고 할 수 있다.

한일의 고령화와 노인주거시장의 변화

한국의 고령화

한국의 고령화

2021년 우리나라의 합계출산율은 OECD 회원국 중 가장 낮은 0.81명(OECD 평균 1.74명) 수준이다.[1] 우리나라는 2021년 65세 이상 인구 16.6%로 고령사회이다. 이후 2026년에는 65세 이상 노인인구가 21.8% 초고령사회로 접어들 것으로 전망하고 있다.[2]

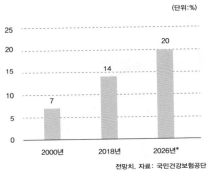

(단위:%)

전망치. 자료 : 국민건강보험공단

노인 인구의 급속한 증가

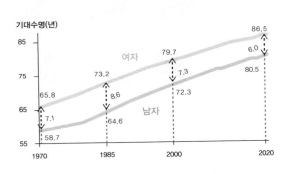

성별 기대수명 및 차이 추이, 1970-2020년

기대수명

우리나라 기대수명[3]은 그림과 같이 2020년 기준 평균 83.5세(남자: 80.5세, 여자 86.5세)이다. 우리나라 남자의 기대수명(80.5년)은 OECD 평균(77.9년)보다 2.6년, 여자의 기대수명 (86.5년)은 OECD 평균(83.2년)보다 3.3년 높다.

---

1   KOSIS (통계청, 인구동향조사)
2   장래인구추계, 통계청. 전국 주요 인구지표. 자료갱신일: 2021. 12. 9
3   통계청. 2020년 생명표 작성 결과. 게시일 2021. 12. 1

고령화에 따른 사회 변화

고령인구는 베이비붐 세대가 고령층에 접어드는 2020~2028년 사이에 연평균 5%대로 급증한 후 둔화할 것으로 추정하고 있다.

이는 치매와 요보호 노인 수 증가 및 그에 따른 의료, 복지비 등 사회적 비용의 급증으로도 이어지기 때문에 사회적 변화 속에서 고령사회 환경에 맞는 적절한 대응을 준비해 두어야 한다.

- 전기고령자(65세~74세)의 비율: 2020년 465만 명(8.9%), 2060년 697만 명(16.2%)
- 후기고령자(75세 이상): 2060년 1,184만 명(27.6%)까지 증가할 것으로 전망
- 초고령노인(85세 이상): 2060년 499만 명(11.6%)으로 2020년 대비 6.5배 급증할 것으로 추정

이러한 적절한 대응이 이루어진다면 기대수명이 증가하더라도 요양이 필요한 노인의 수가 급증하는 것이 아니라 앞서 초고령사회를 경험하고 있는 일본의 경우와 같이 노인 대다수가 평범하게 자립해서 살아갈 수 있는 사회가 될 것이다.

나아가 요양과 관련한 제도 마련 및 요양시설, 관련 서비스를 개선하고 확충시켜 나가는 노력과 더불어 자립하여 건강하게 나이 들어가는 고령자를 대상으로 한 주거환경을 마련하고, 관련 서비스를 구축해 나가는 것이 중요하다.

이러한 고령화 추세로 2035년의 한국은 3명 중 1명이 65세 이상이며, 50세 이상의 인구 비중이 53%를 넘어서면서 49세 이하 인구를 역전하게 된다. 2050년에는 65세 이상 인구 비중도 49세 이하 인구를 역전하는 등 전체 인구구조가 고령층으로 급격히 변화할 것으로 예상된다.[4]

---

4   통계청. 장래인구특별추계 기준(2017-2067)

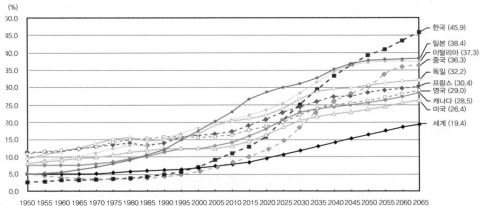

(%)
한국 (45.9)
일본 (38.4)
이탈리아 (37.3)
중국 (36.3)
독일 (32.2)
프랑스 (30.4)
영국 (29.0)
캐나다 (28.5)
미국 (26.4)
세계 (19.4)

1950 1955 1960 1965 1970 1975 1980 1985 1990 1995 2000 2005 2010 2015 2020 2025 2030 2035 2040 2045 2050 2055 2060 2065

　주요국의 노인인구 비율 추이(1950년~2065년)를 나타낸 다음의 그림[5]을 보면, 한국의 고령화가 어떤 수준으로 급격히 증가하고 있는지 확인할 수 있다. 노인인구 2065년 추계에서 보여지는 일본 38.4%보다 훨씬 높은 45.9%까지 증가할 것으로 전망하고 있다.

65세 이상 치매 현황

　2021년 기준 전국의 65세 이상 추정 치매 환자 수는 886,173명, 추정 치매 유병률[6]은 10.33%이다. 남성(38.3%)에 비해 여성(61.7%)의 비율이 월등히 높고, 75세 이상 후기고령자가 84.11%로 가령에 따라 65세 이상의 치매 비율이 큰 폭으로 증가하고 있다.

　치매(최경도~경도)의 비중이 약 60%에 해당하고, 원인을 정확히 알 수 없는 알츠하이머 치매가 76% 이상을 차지하고 있는 만큼 중등도로 진행되는 속도를 낮추기 위해서는 예방과 조기 발견, 조기 치료가 중요하다고 할 수 있다.[7]

5　일본 총무성 통계국 홈페이지 자료(https://www.stat.go.jp/data/topics/topi1321.html)
6　일반적인 의미에서 노인인구의 치매유병률이란, 65세 이상(또는 60세 이상) 노인인구 100명당 치매환자수
7　데이터 출처: 치매안심센터 홈페이지(https://ansim.nid.or.kr/main/main.aspx)

65세이상

치매관리비용
18,719,859백만원

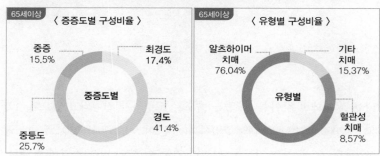

65세이상 〈 증증도별 구성비율 〉

중증
15.5%

최경도
17.4%

중증도별

경도
41.4%

중등도
25.7%

65세이상 〈 유형별 구성비율 〉

알츠하이머
치매
76.04%

기타
치매
15.37%

유형별

혈관성
치매
8.57%

65세이상

2021년 노인인구
8,577,830명

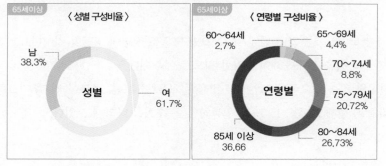

65세이상 〈 성별 구성비율 〉

남
38.3%

성별

여
61.7%

65세이상 〈 연령별 구성비율 〉

60~64세
2.7%

65~69세
4.4%

70~74세
8.8%

연령별

75~79세
20.72%

85세 이상
36.66

80~84세
26.73%

일본의 고령화

고령화 추이

일본은 다른 국가에서 찾아볼 수 없는 속도로 고령화가 진행되고 있으며, 1970년 7.1% 고령화사회(한국 2000년), 1994년 14% 고령사회(한국 2017년), 2005년 20.2% 초고령사회(한국 2026년)로 진입했다. 65세 이상 인구는 2022년 기준 3,627만 명을 초과한 상태로 고령화율은 29.1%이다. 후기고령자로 분류되는 75세 이상 인구는 1,937만 명(15.5%), 80세 이상 인구는 1,235만 명(9.9%)으로 상당히 높은 수준이다. 전체 인구 중 75세 이상인 후기고령자가 차지하는 비중은 2015년 12.8%에서 2025년 17.8%, 2030년 19.2%, 2040년 20.2%로 전망한다.

65세 이상 노인인구는 2040년에 약 3,921만 명으로 정점에 도달할 것이며, 그 후에도 75세 이상 인구의 비율은 계속하여 증가할 것으로 예측된다.[8]

2022년 9월 기준 주요국의 노인인구 비율 비교표[9]를 보면, 일본이 전·후기고령자 모두 다른 나라들에 비해 13.6%, 15.5%로 월등히 높은 수치를 나타내고 있다.

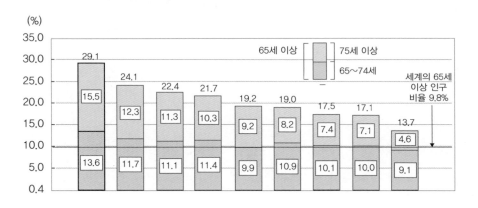

---

8   福祉·介護人材確保対策について. 厚生労働省 社会·援護局 福祉基盤課 福祉人材確保対策室 2019. 9. 18 자료

9   일본 총무성 통계국 홈페이지 자료(https://www.stat.go.jp/data/topics/topi1321.html) 일본은 2022년 9월 1일 기준 인구추계, 다른 나라는 2022년 7월 기준 World Population Prospects: The 2022 Revision(United Nations) 자료.

평균수명과 건강수명 현황

일본의 평균수명은 2010년 남성 79.56세, 여성 86.30세에서 2019년 남성 81.41세, 여성 87.45세로 꾸준히 증가하고 있으며, 2010년과 비교하여 남성이 1.85년, 여성이 1.15년 증가하였다.[10]

건강수명은 2019년 시점에 남성 72.68년, 여성 75.38년이 되어 각각 2010년에 비해 남성 2.26년, 여성 1.76년 증가했다. 이를 통해, 같은 기간 평균수명의 증가에 비해 남녀 모두 건강수명이 증가한 것을 알 수 있다.

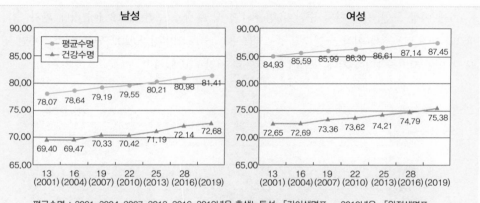

평균수명 : 2001, 2004, 2007, 2013, 2016, 2019년은 후생노동성 「간이생명표」, 2010년은 「완전생명표」
건강수명 : 후생노동성, 제16회건강일본21(제2차) 추진전문위원회자료

성별에 따른 평균수명과 건강수명

65세 이상 노인 세대의 경제적 상황

일본의 주택통계 조사 결과를 통해 고령 세대의 상황을 살펴보면, 65세 이상 고령자의 80% 이상이 자가 주택에 거주하며 대부분이 자가 상태를 유지하고 있다.

반면, 무직 상태인 고령자 세대의 가처분소득은 감소 추세이며, 고령자 무직 세대의 가계는 적자 상태이다. 가계 수지상 공적연금(후생연금 수급액은 15만 엔~30만 엔 정도)만으로는 적자이며, 적자의 폭은 증가 추세에 있다.

---

10   일본 내각부 2022년 고령사회백서 자료(https://www8.cao.go.jp/kourei/whitepaper/index-w.html)

베이비붐 세대의 고령화

일본의 베이비붐 세대가 고령기에 접어들었던 2010년에 일본은 이미 초고령사회가 되어 있었으며, 2020년 기준 65세 인구가 3,600만 명으로 전체 인구의 1/3을 넘어섰다. 2025년 에는 베이비붐 세대 모두가 75세 이상 후기고령자로 접어들게 된다.

이러한 인구사회적 특성으로 고령자의 의료 및 연금 급부에 치우진 구조가 사회적 문제 가 되면서 일본은 연금개혁과 의료구조개혁, 개호보험개혁 등을 실시하게 되었다.

치매 노인 현황

65세 이상 노인 치매 환자 수와 유병률의 장래 추계를 보면, 2012년에 치매 환자 수가 462만 명으로, 65세 이상 노인 7명 중 1명(유병률 15.0%)이었지만, 2025년에는 약 700만 명 으로 노인 5명 중 1명이 치매 노인이 될 것으로 전망하고 있다.[11]

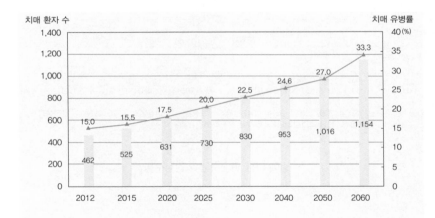

자료 : 일본의 치매 고령자인구의 장래추계에 관한 연구, 2014년도 후생노동과학연구비보조금특별연구사업, 큐슈대학, 시노미야교수

---

11   2017년 高齢社会白書 外部サイト 第1章 第2節 3 高齢者の健康・福祉

한일 노인의 생활상 비교

한국과 일본의 고령화 진입 상황과 노인을 둘러싼 생활 여건 및 사회적 요소를 비교해보면 다음의 표와 같다

구분	한국	일본	비고
초고령 사회 진입	2025년 초고령사회 진입 전망	2006년 초고령사회 진입	초고령사회 진입 속도 및 양태 유사
생활 여건	전체 가구 자산의 33% 보유, 자산 대부분이 부동산임 연금수령 비중 78% 노인의 상대적 빈곤율 약 50%	전체 가구의 실물자산 55%, 금융자산의 61%를 고령층이 보유 연금수령 비중 98%, 노인의 상대적 빈곤율 약 20%	노인가구 자산 및 소득격차로 구매력 차이 존재
주거 공간	주거용 부동산은 단순 주거용도 이상의 안전 자산으로 인식 아파트 중심의 생활 선호	부동산의 지속적 가격 하락 속 거주지의 소유보다 임대 중심 거주 공간 확보 단독주택 거주 선호	주거 소유 및 주거 공간에 대한 인식 차이 존재
고령화에 대한 인식	고령화에 대한 심리적 안정감에 부정적으로 인식 UN 세계 노인복지 지표 60위(총 96개국)	고령화에 대한 사회적 환경이 우호적으로 형성 UN 세계 노인복지 지표 8위(총 96개국)	한국 사회는 고령화에 대한 부정적 인식 존재
여가에 관한 관심	보험 등 노후 준비에 대한 지출이 주류이며 여가, 사회관계 등에 관한 관심 부족	베이비부머의 고령자 진입으로 인해 60대 액티브 시니어의 교양, 오락비 지출이 타 세대에 비해 높은 특징이 존재함	한국 노인들은 여가 활동 등에 대한 구매 활동 부족

한국 노인주택 시장의 변화 추이

고령화에 따른 노인주택 시장의 변화

기존 노년 세대가 경제력을 갖춘 소비 주체로서의 신 노년층으로 교체되면서, 질적 충실이 요구되는 소비지향 사회로 이동하고 있다. 즉, 주거 측면에서도 경제력이 충분한 노인의 욕구를 충족시킬 수 있어야 함을 의미한다.

베이비붐 세대가 고령화되면서 고령 독립 가구가 증가하고, 노인 단독가구와 부부가구가 확대되었다. 요양이 필요하게 되어도 자녀에게 의존하지 않고, 독립적으로 노후생활을 영위하고자 하는 욕구도 강해졌다.

65세 이상 노인인구가 14%를 넘어서는 과정에서 노인주택 시장도 활성화될 것으로 전망하고 있다. 노인복지시설은 시장 초기에는 주로 양로시설 형태로 개원했으나, 인건비 등 운영비용 부담에 따른 수지 악화 등으로 노인복지주택 형태 및 소규모 너싱홈의 운영형태로 변화 중이다.

노인주택 사업은 입지, 규모 측면에서 부담이 있을 수 있으나, 수요 증가 추세, 차별화된 서비스, 합리적 가격 등에 대한 유연한 대응이 가능하다면 성공적인 사업추진이 가능할 것이다.

도시형 노인주택의 증가

노인주택은 3가지 유형으로 구분된다. 신 노년 세대는 은퇴한 경우도 있지만, 아직 일을 하고 있는 경우도 적지 않다. 그렇기 때문에 전원 휴양지형보다는 도심에 있는 노인주택을 선호하는 경향이 높다. 또한, 최근 민간사업자의 관심도가 증가하면서 도시형 노인주택이 증가하고 있으며, 공모사업을 통한 컨소시엄 형태의 대규모 복합단지 내 노인복지주택 개발이 활성화되고 있다.

구분	도시형	도시 근교형	전원 휴양지형
입지 특성 및 장점	• 대도시에 있어 대중교통수단으로 기존의 공공, 상업, 의료시설 등과 일정 관계 유지 가능 - 운영상 유리한 조건 - 가족 교류 용이 - 생활편의시설 활용 - 도시기능의 활용 - 확실한 수요	• 도시형과 전원 휴양지형의 중간형 • 전제조건 - 도시와 교통이 정비됨 - 지역주민과의 교류 양호 - 토지 가격 비교적 안정 - 넓은 면적 확보 가능 - 건축계획의 폭넓음 - 양호한 주거환경	• 자연환경과 관광자원 풍부 • 휴양과 농원, 화단 가꾸기 등 건강을 위한 지역이나 중소도시와 연계 좋음 • 온천, 명승지 등 관광적 요소 갖춘 곳 • Second house 역할 • 종합적 노인 커뮤니티를 고려(모든 게 안에서 해결되도록)
단점	• 높은 지가로 부지 확보 어려움 • 건물의 고층화 등 사업비 상승 • 자연조건 상대적으로 불량	• 그린벨트 등 건축 제한지역 많음 • 도시기능의 확산으로 지가 상승 폭 높음	• 도시기능 기대 어려움 • 고립감 • 토지 가격 낮지만, 개발비용 높음 • 운영 부담 높음

개발방식별 분류

개발 시, 토지와 건물 등의 소유방식에 따라 다양하게 분류할 수 있는데, 사업자 관점에서 각 방식의 장단점을 정리해보면 다음의 표와 같다.

명칭	개요	사업자의 장점	사업자의 단점
서브리스 방식	토지 소유자가 건축하고, 임차	• 토지비, 건축비가 필요 없고 초기비용 억제	• 필요한 위치에 원하는 대로 진행되기 어려워 사업화에 시간이 걸림
펀드 방식	펀드 등으로 건물을 짓고 임차	• 펀드 조성으로 큰 투자 가능 • 자신의 초기비용을 억제하고 대규모 사업운영 가능	• 토지취득비, 건축비에 대한 펀드의 기대수익률에 대응될 수 있는 임차료 필요
소유 방식	본인이 토지/건물 매입	• 토지를 이미 소유하므로 투자는 건축비 정도로 줄임 • 고수익 사업 운영 가능	• 토지취득/건축비에 대해 자금을 금융기관에서 빌려야 하는 리스크 발생
일부 소유	토지는 소유자에게 임대하고 건물을 소유함	• 자기 소유방식과 비교하여 초기비용 삭감 가능	• 서브리스와 같이 필요한 위치에 원하는 대로 하기는 어려움. • 토지소유자에게 있어 토지의 유동성이 떨어지므로 보완할 수 있는 지대 설정 필요
연대 방식	임대주택의 운영과 개호 등의 서비스를 분리하고, 연대하여 사업 운영	• 임차는 개호사업 부분이므로 비용절약 가능 • 입주자를 서비스의 대상 고객으로 볼 수 있어 효율경영 가능	• 주택과 개호 부분의 연대가 약하면 입주자에게 불이익이 되어 입주자 모집에 악영향

일본 노인주택의 개발 트렌드

수요와 공급의 불균형

노인주택을 개발, 운영하려고 하는 추세는 현시점에서 수요와 공급의 균형이 무너졌다고 볼 수 있다. 당분간은 시장 상황을 지켜보는 사업자가 늘어날 것이며, 베이비붐 세대가 80세가 되어 가는 즈음에 다시 수요가 증가할 것으로 전망된다. 그때 새로운 고령자 세대에게 맞는 새로운 컨셉과 공급의 주택이 개발될 것으로 보인다.

동경 23구 내의 수요 균형은 무너졌고, 경쟁이 과열된 상태에서 노인주택의 본격적인 운영 능력이 핵심적이라고 할 수 있다. 동경 23구 내에서는 신규 개발이 다수 예정되어 가동률의 양극화가 가속화되고 있다. 향후 신규 개발에 있어서는 상황을 파악하려는 사업자가 늘어날 것으로 예상된다. 기업으로서는 계속하여 컨셉에 맞는 장소를 엄선해 나가는 것이 중요하다.

니즈에 대응 가능한 개발 스타일의 요구

80세 이상의 베이비붐 세대를 대상으로 하는 신 노년 세대용 컨셉의 주택 개발에 대한 필요성이 대두되고 있다. 이는 베이비붐 세대가 80세가 되어가는 시점에서 수요가 늘어날 전망이며, 신 노년 세대를 위한 새로운 개념의 주택 개발이 될 것으로 예상되기 때문이다.

이때 거주자의 고령화, 중증화에 대응한 개호 제공체제 여부가 중요하다. 자립 지원, 간병·개호 등 특색이 있는 것이 주류를 이룰 것이며, 서비스 대상인 고령자의 라이프 스타일이 점점 세분화되고 있기 때문에 시설이나 서비스 니즈에 대해서 세밀하게 대응 가능한 개발이 요구된다. 즉, 기존의 거주형 시설과는 다른 모델의 필요성이 대두되고 있다.

반면, 초고령화 사회에 따른 니즈의 확대로 대기업 등이 개호사업에 진입하려는 의지를 보이고 있다. 그러나, 전체적으로는 토지취득이 어렵고 높은 건축비, 인력 확보의 어려움 등의 문제로 신규 진입에 어려움을 겪고 있다.

개발 방향 및 차별화 전략

고령인구 증가와 함께 개발 관련 회사, 하우스 메이커 등 개호사업자 이외의 사업자들이 신규 진입이 증가하여, 개발의 대형화가 증가할 것으로 예측된다. 그러나 개호사업의 도산 건수도 증가 경향이 있어서, 입지 조건이나 지역의 상황에 맞는 차별화 전략이 더욱 중요해 지고 있다. 따라서 각 지역의 인구 동태 등에 주목하여 지역사회에 녹아들 수 있는 시설 개발을 운영하는 것이 중요하다.

그러나 고령자 주택의 개발은 도심이나 일부 지역을 제외하고 그 속도가 떨어지고 있으며, 인구 5만 명 미만 지방 도시에서는 노인인구의 증가가 없을 것이며, 신규 개발 시도는 5대 대도시권에 한정해서 지속될 것이다.

건축비, 인건비가 증가하는 상황에서 직원모집의 리스크까지 고려하면 업계 전반에서는 개발 의욕이 떨어질 수밖에 없는 현실이지만, 기업 차원에서는 개호 수요가 높은 지역에 신규 개발을 도모하고 있다.

서비스형고령자주택은 적극적인 개발은 피하고 상황을 지켜보는 추세이지만, 시설 기준이나 인허가가 유료노인주택보다 간단하여 신규 개발은 진행될 것으로 보인다.

총량규제에 의해 개호형 유료노인주택에의 신규 진입은 쉽지 않으나, 개발 시장에서는 보수 개정이나 채용, 건축비 상승 등의 주변 환경을 고려하면 경영 안정성이 있는 대형 개호형 노인주택이 주류가 될 것으로 보인다. 한편, 저렴한 유료노인주택과 비싼 서비스형고령자주택의 양극화 현상이 지속될 것이다.

또한, 기존의 유료노인주택이나 특별양호노인주택 등의 개발보다는 지역 토탈케어 실현을 목표로 CCRC, 컴팩트 시티 및 다세대교류 거점으로서 개발이 증가할 것이기 때문에 각 지역의 인구 동태에 주목한 개발 전략도 필요하다. 개호 예방이나 건강증진을 염두에 둔 부가가치가 있는 시니어 임대주택과 치매 노인 대상 그룹 홈이 증가하는 추세라고 할 수 있다.

시장이 확대되고 있어 고령자 주택에 대한 개발 의욕은 식지 않겠지만, 오늘날 주택과 개호서비스의 조합이 노년층의 니즈에 적절히 대응하고 있다고 할 수 없기에 기존과는 다른 새로운 고령자 주택과 서비스가 새롭게 개발될 여지가 있다.

운영 측면에서는 서비스 공급의 체제 정비가 곤란해져 도시부의 개발에 집중되고, 전체적으로는 자제하고 있는 상황에서 앞으로는 지속 가능한 시설을 만들기 위해 차별화된 서비스 제공, ICT, IoT에 의한 근로 개혁, 해외 인력 활용 등이 추진되면서 개발 의욕도 높아질 것이다.

건강한 노인을 위한 유료노인주택

자립자용 유료노인주택은 자립자용 서비스형고령자주택이나 서비스형고령자주택 등록을 하지 않은 고령자용 임대주택(시니어임대주택) 등과 시장에서 경합하고 있기에, 자립자용 유료노인주택을 계획하는 사업자는 감소 추세이다.

앞으로는 럭셔리 상품으로서의 성격이 한층 더 강해져, 강한 브랜드 파워를 가진 일부의 대기업이나 기존의 고급 주택이나 시설로 범위를 좁혀 운영을 이어온 사업자만 참여하는 영역의 상품이 될 것이다.

지역포괄케어시스템의 추진과 개호보험제도를 시작으로 고령자의 생활을 지지하는 사회 시스템이 뒷받침되고, 배리어프리나 유니버설디자인 등 주택이 가진 하드웨어 측면의 성능도 향상되고 있다.

자립자용 유료노인주택은 서비스형고령자주택과 비교하여 입주일시금이 비싼 타입이 많으므로, 펜데믹 코로나19 대응을 포함하여 일반적으로 경험하기 어려운 차별화된 공간과 서비스 등을 제안할 수 있는가가 관건이 될 것이다.

With 코로나 시대 노인주택 및 개호 시장의 변화 ────

노인복지·개호사업의 휴폐업 현황

일본의 경우, 2020년 1월부터 9월까지의 노인복지·개호사업의 도산 건수는 94건(전년 동기 대비 10.5% 증가)로 개호보험법 시행 후 가장 많았던 2019년 동기 85건을 상회하는 기록이다. 코로나 관련 도산은 3건 수준이며, 무계획이나 미숙한 경영을 주원인으로 하는 방만 경영이 17건으로 지난해 같은 기간보다 112.5% 증가한 수치이다.[12]

업종별로 보면 'commute(통소)[13]·단기입소 개호사업'이 30건(동 25.0% 증가)으로 가장 많았고, 다음으로 '방문개호사업'이 46건(동 6.9% 증가) 등이며, 대부분 작고 영세한 사업자이다.

동경상공리서치는 노인복지·개호사업의 휴폐업·해산은 313건(동 19.0% 증가)이며, 도산과 휴폐업, 해산이 연간 600건 대에 달할 것이라고 분석했다.

노동집약형에서 두뇌집약형 경영으로 변화

2018년의 개호보수 개정 이후 주축이 된 서비스 내용은 돌봄 중시형에서 자립 지원에 관한 가산이 창설되는 등, 자립지원형 서비스로 축이 이동되었다. 그 후 2021년 개정에서는 본격적인 '과학적 개호' 실천의 중요성이 다뤄지고, 그에 따라 경영 스타일도 '노동집약적'에서 '두뇌집약적'으로 새롭게 변화된다. 두뇌집약형의 경영은 케어서비스의 질적 향상을 목적으로 각 자격보유자 전문직을 두텁게 배치하여 가산 취득의 폭을 넓히기 위한 조직 체제를 강화, 정비하는 것이라고 할 수 있다.

---

12 https://www.koureisha-jutaku.com/newspaper/synthesis/20201014_05_1/(2022년 2월 11일 접속) 高齢者住宅新聞オンライン
13 commute(통소), 일본에서는 '통소'라는 표현을 사용한다. 필요한 서비스를 이용하기 위해 그 장소에 직접 다니는 것을 말하며, 통근, 통학 등과 같은 차원의 의미이다.

운영 측면에서의 변화

코로나 상황 속에서 2021년 이후 시니어, 개호 비즈니스, 고령자주택 운영 측면에서 예상되는 변화는 좋은 인력 확보와 효율적이고 퀄리티 높은 서비스 제공 가능 여부가 관건이라고 할 수 있다.

- 타 업종으로부터 파견 참여, 외국인을 중심으로 인력 다양화, 근무 방식의 다양화
- AI, ICT, 로봇의 진화
- 근거 기반 케어플랜, 성과가 있는 개호
- 지역포괄케어에 있어서 존재감

베이비붐 세대의 개호 이용은 이미 시작되었고, 서비스 수준의 향상과 다양화가 더욱 요구되고 있다. 코로나19 확산와 함께 업계에의 신규 진입 감소, 운영의 어려움을 겪는 사업자가 더욱 증가하고 있다.

개호사업자의 입장에서는 창의력을 발휘하여 ICT 도입에 의한 효율적이고, 효과적인 서비스 제공이 가능하도록 환경 정비가 필요하다. 또한, 앞으로는 지역포괄케어시스템의 구축을 위해 소규모 시설에서도 효율적인 운영이 가능한 업무 노하우 및 관리 체제의 구축이 중요하다고 볼 수 있다.

의료형 노인주택

의료형 노인주택이 필요한 이유는 다음의 사례와 같이 고령이 되면 개호뿐만 아니라 의료케어도 필요하게 되기 때문이다.

뇌경색으로 쓰러져 입원하는 경우, 적극적인 치료가 필요한 급성기 의료단계를 지나게 되면 병원은 환자에게 퇴원을 요구하여 다른 유형의 노인주택으로 이주를 하게 되는데, 이는 의료비 삭감을 위해 입원일수를 가능한 한 단축하는 방향으로 의료제도가 변경되었기 때문이다.

그러나 퇴원 이후 일상적인 의료케어가 필요한 환자를 주택개호만으로 감당할 수는 없어 이러한 경우에는 의료서비스가 있는 시설을 찾게 되는데, 의료케어 노인주택과 의료기관이 만드는 고령자 전용 임대주택, 호스피스 주택 등이 여기에 해당한다.

노인주택은 입주자에게 있어서 인생의 종착역이라는 성격을 갖고 있어서 거주 기능을 비롯한 의료와 급식 서비스를 중심으로 하는 기능, 여가를 충실히 하는 기능, 심신 기능 이상으로 터미널케어 기능이 요구된다.

개호보험의 적용을 받는 말기 암환자에 대한 터미널케어(종말기의료)도 이러한 의료형 노인주택(호스피스주택)을 중심으로 확대된다. 호스피스주택에 대해서는 제2권에서 사례 등을 포함하여 자세히 소개하도록 한다.

우리나라에서도 이러한 필요성을 인지하고, 호스피스 대상 질환 및 서비스 유형을 확대하고 연명의료 관련 기반 확충을 위해 호스피스·연명의료 종합계획(2019~2023년) 등을 수립하여 다분야가 협력하는 통합 돌봄 전략을 추진하고 있다.

신 노년기 주거

신(新)노년기, 노인의 기준

    서구에서는 은퇴를 또 다른 삶의 시작으로 보고 은퇴 뒤의 인생을 기대하면서 행복한 은퇴를 그리며 인생의 후반전을 준비하는 '행복한 은퇴'라는 사고방식이 있다. 반면 동양에서는 은퇴를 인생의 종착역이자 사회로부터의 고립으로 여기는 경향이 있다.

    에도 시대에는 일본인들도 노후를 기대하면서 살았다고 한다. 개인보다 가업을 소중히 여겼던 당시에는 장남이 태어나면 가업을 잇는 것이 당연한 일이었고, 그로 인해 차남이나 삼남은 후계자가 없는 집안의 양자로 가기도 했다. 전통을 이어 나가는 걸 큰 명예와 보람으로 여긴 당시에 주어진 일에 최선을 다하다가 자신의 일을 계승할 상속자가 나타나면 비로소 평소에 꿈꿔 왔던 삶을 누릴 수 있었다. 현역 시절에는 가업에 전념하는 것이 숙명이었고, 인생 후반에 상속자에게 가업을 넘기고 나면 비로소 자신이 좋아하는 것을 할 수 있었던 것이다.[1] 즉 노후란 본래 자신이 하고 싶어 하던 일을 할 수 있는 느긋하고 여유로운 시간을 의미하는 것이었다.

    노인의 연령을 몇 살부터라고 규정할 것인가 하는 사회적 인식은 시대가 변하고 기대수명이 연장됨에 따라 달라지고 있다. 우리나라는 사회정책에서 55~65세를 노인으로 규정하고 있으나, 법제도 측면에서는 개별법의 입법목적과 취지에 따라 각기 다르게 정의하고 있다.

> - 고령자고용촉진법(제2조 1항): 55세 이상을 고령자로 규정
> - 국민연금법(제61조): 노령연금 급여대상자로서의 노인 60세 이상으로 규정
> - 노인복지법 및 국민기초생활보장법: 65세 이상을 노인으로 규정(경로우대)

신 노년기 시니어의 기준

시대에 따라 노인에 대한 기준과 인식은 다르다. 노인복지법상 노인을 구분하는 나이인

---

1   박현정 역. (2013), 낭비 없는 삶, 중앙북스, p. 15[호사카다카시. (2011), 인생의 정리술].

65세의 기대여명은 노인복지법이 제정된 1981년에 14.5년이었으나, 2022년 기준 21.4년으로 6.9년 증가하였다. 이를 반영한다면 1981년의 기준인 65세 이상을 더 이상 노인이라고 할 수 없다. 즉, 이제는 단순히 나이만으로 노인의 기준을 정하는 것이 아니라 사회, 경제, 법제, 심리, 신체적 기준에 따라 통합적으로 노인의 기준점을 확장하고 이를 시니어로 재정의해야 할 필요가 있다.

사회적 정의는 직장인들이 체감하고 인지하는 퇴직 나이가 50.9세로, 은퇴의 시작이 50세인 것을 고려할 때 사회적인 시니어의 나이는 50세부터라고 할 수 있다. 현재 법정 정년 나이는 60세이지만, 2019년 대법원 판결에 따라 앞으로 65세 연장에 대해 논의 중이다. 일본이 국가 차원에서 65세 정년의 기준을 75세로 상향 조정하려는 것을 고려하면 장래적으로는 우리나라도 65세 연장은 무리 없이 진행될 것으로 보인다.

법률적 기준을 보면 우리나라는 대부분 사회정책에서 65세 이상을 노인으로 규정하고 있으나, 법제도 측면에서는 개별법의 입법목적과 취지에 따라 각기 다르게 정의하고 있다. 노인복지법은 1981년부터 노인의 시작점을 65세로 하고 있다.

심리적 기준을 살펴보기 위해 보건복지부·보건사회연구원이 실시한 2017년도 노인실태조사를 살펴본 결과, 우리나라 사람들이 인식하는 노인의 나이는 71.4세로 나타났다. 즉, 심리적인 노인의 기준 나이는 71세라고 할 수 있다.

신체적 기준으로 보면 후기고령자로 정의하는 75세 이상부터 ADL 95점 이하로 하락하여 거동에 불편함을 이전보다 크게 느끼게 되어, 신체적인 노인의 기준은 75세 이상이라고 할 수 있다.

그러나 최근에는 노인 나이 조정을 위한 이론적 검토 등을 통해 기대여명을 기준으로 노인 나이를 설정하는 제안이 나오고 있다. 즉, 현실적인 노인 나이로 기대여명이 15년이 되는 시점을 제안하고 있으며, 우리나라의 기대여명 15년 기준 노인 나이는 지속적으로 높아져 2022년에 73세가 되었으며, 이후로도 10년에 1세 정도의 속도로 증가할 것으로 전망된다.[2]

국민연금공단 국민연금연구원의 '제9차(2021년도) 중고령자의 경제생활 및 노후준비 실태' 보고서는, 50대 이상 중고령자가 주관적으로 인식하는 '노인이 되는 시점'은 노인복지법 등이 노인 기준으로 보는 65살보다 높은 69.4세로 조사되었다.

---

2 이태석. (2022). 노인연령 상향 조정의 가능성과 기대효과. KDI FOCUS, (통권 제115호)

한편, 우리나라 50대 이상 중고령자가 생각하는 월평균 적정 노후 생활비는 부부 277만원·개인 177만3천 원이었고, 월평균 최소 생활비는 부부 198만 7천 원·개인 124만 3천 원이었다. '적정 생활비'는 질병 등이 없는 건강한 상태를 전제로 표준적인 생활에 흡족한 비용, '최소 생활비'는 최저 생활 유지에 필요한 비용을 뜻한다.

신 노년기의 삶, 기존 노인 세대와 구분되어야 하는 이유

신 노년층은 기존 노년층과 달리 비교적 건강하고, 경제력과 소비력을 갖추고 있는 능동적인 세대라고 할 수 있다. 신 노년층에 해당하는 2020년 기준 총인구의 1/4를 차지하는 베이비붐 세대가 은퇴하면서 구매력을 가진 신노년에 의한 소비가 확대되어 이들의 행보에 주목할 필요가 있다. 이러한 상황은 일본에서 이미 선행된 것으로 2010년 약 97조 엔이었던 고령층의 소비가 2030년에는 111조 엔을 넘어설 것으로 전망하고 있다.

기존 노년 세대와 신 노년 세대를 비교하면 다음의 표와 같다.

구분	구 노년 세대	신 노년 세대
노년 인지	인생의 황혼기, 인생 말년	새로운 인생의 시작, 인생 삼모작
자기평가	본인을 노인으로 인식	실제 나이보다 5~10년 젊게 인식
경제력	의존적, 경제력 보유층은 소수	독립적, 경제력 보유층 다수
소비력	검소, 절약, 빈곤(소비력 약함)	합리적, 능동적 소비(소비력 강함)
여가관	일 중심, 여가생활에 익숙하지 않음	여가에도 중요한 가치를 둠
노후 준비	미흡(자녀에 의존 비율 높음)	충족(자립)

신 노년 세대는 신체기능이 양호하고 경제력이 있어 새로운 고부가가치 서비스 수요를 창출할 수 있는 집단이라고 할 수 있다. 즉, 능동적인 활동과 소비의 주체로서 프리미엄 서비스, 쌍방향 활동, 편리하고 우수한 거주환경 등을 추구하고 있어 이들을 대상으로 다양한 비즈니스 기회를 창출해 낼 수 있다.

신(新)노년 세대, 액티브 시니어의 특징 ——

주거 측면에서는 자녀들과 분리되어 독립적인 삶을 선호하며, 은퇴 후에도 자신이 익숙한 장소에서 여생을 보내고자 하는 경향이 있다. 이들의 니즈를 반영하기에는 기존 전원형 실버타운에서의 문화, 취미생활에는 한계가 존재한다.

이렇듯 노년기 내에서도 세대 및 소득 등에 따라 특징이 확연히 구분되고 있으며, 그에 따른 양극화 문제도 간과할 수 없기 때문에 구 노년층과 신 노년층을 하나의 범주로 묶어 노인이라고 하기에는 다양한 측면에서 문제가 발생할 수 있을 것이다.

나이와 소득, 신체적 기능 및 경제적 수준을 기준으로 시니어 세대를 4가지 유형으로 구분할 수 있으며, 다음과 같이 각 유형에 따른 소비 패턴이 상이함을 알 수 있다.

시니어의 유형과 특징

일본 시니어 마케팅연구소에서는 소득 기준에 따라 노인에 대한 유형[3]을 액티브 시니어, 밸류 시니어, 하이엔드 시니어, 케어 시니어로 구분하였다.

액티브 시니어는 50세에서 74세의 연령대로 평균 이상 자산을 보유한 층으로, 신체적 기능이 양호하고 경제적 여유가 있어 새로운 고부가가치 서비스 수요를 창출할 수 있는 집단을 말한다.

밸류 시니어는 액티브 시니어와 나이 구분은 같으나, 평균보다 낮은 자산을 보유한 층으로, 신체적 기능은 양호하지만 경제적 여유의 부족으로 필수재 위주의 소비를 하는 집단을 말한다.

하이엔드 시니어는 65세 이상의 연령대로 많은 자산을 보유한 층으로, 경제적 여유는 있으나 신체 기능이 저하되어 이를 극복하고자 하는 가치 중심적 소비가 이루어지는 집단을 말한다.

케어 시니어는 후기고령자로 구분되는 75세 이상의 연령대이며, 평균 이하 소득을 보유

---

3 한국관광공사, 일본 시니어 마케팅연구소 자료

한 층으로 신체적 기능과 경제적 기능 모두 저하되어 일부는 공적 관리가 필요한 집단을 말한다.

일본의 신 노년기 삶

일본의 경우 정년은 대략 60세~65세이지만, 일본정부는 가까운 미래에 75세까지 정년을 끌어올리려고 한다. 국가는 제도로서 정년을 75세까지 상향 조정해 놓으면 회사도 그에 맞춰 제도상 정년을 75세까지 조정할 것으로 보기 때문이다. 그러나, 65세 이상의 모든 직원이 그에 상응하는 처우를 받으며 회사에 남아 있을 수 있을지는 불명확하다. 아마도 연금 지급 수준은 현 상태보다도 낮아져 일을 통해 수입을 확보하지 않으면 생활이 어려워질 것이다.

한편 직원에게 급여를 지급하는 회사의 비용 부담 능력에도 한계가 있다. 회사에서 필요한 인재는 65세 이상이 되어도 괜찮은 처우를 받을 수 있으나, 대다수의 65세 직원은 처우 수준이 떨어질 것이다.

이러한 새로운 노동 시장이 형성되는 것을 가정해보면, 어떠한 대처를 해야 할 것인가? 우리는 현재 인생 100세 시대를 살고 있다. 앞으로 액티브 시니어의 노년기는 의료비나 돌봄비 이외에도 비용이 필요하다. 인생의 정답은 없겠지만 사회제도가 변해도 자신이 살아 있는 동안은 돈을 버는 힘을 가지고 있어야 하며, 이런 삶을 위해서는 자신을 중심으로 소신껏 살아야 한다. 자신 중심으로 산다는 것은 회사의 기준이 아닌 자신의 기준을 중심으로 사는 것이다.

노년기 주거와 라이프 스타일의 변화

생애주기의 변화

과거에는 생애주기를 '30년(교육)-30년(일)-20년(은퇴)'으로 구분했다면, 100세 시대는 '30년(교육)-30년(일)-40년(은퇴)'으로 분류한다. 기대수명이 늘어난 만큼 은퇴 이후의 시간 또한 20년 늘어난 것이다.

이처럼 생애주기 관점에서 한 주기가 새롭게 추가되었다 해도 무방할 정도로 은퇴 이후의 시간이 길어졌기 때문에 젊은 시절부터 노후설계가 이루어지도록 사회 분위기를 바꾸어 나갈 필요가 있다.

경쟁력을 확보한 소수의 고령 근로자들의 경우 정신적, 육체적 능력이 유지되는 한 고령근로가 가능하여 75세 이후까지도 노동 시장에 잔류할 것으로 전망되나, 적지 않은 근로자들의 경우 오히려 직장생활 기간이 단축될 가능성이 크다. 따라서, 지식기반(Knowledge-based) 또는 정보산업(IT)에 기반한 경제성장으로 인해서 소득 양극화가 심화할 것으로 예상하며, 직장에서 조기 은퇴한 사람들은 노후생활 기간이 40년 이상으로 늘어날 수도 있다.

미래의 노년 세대

미래의 노년 세대로 갈수록 은퇴와 함께 증가한 여유시간을 취미생활, 국내외 여행, 학문 또는 관심 영역 연구 등에 집중하며, 일과 자녀로부터 해방되어 새로운 생활문화의 창조자로서 활기차게 노후를 즐기게 된다.

은퇴로 인한 자유시간

고령자들은 본인의 건강 상태, 경제적 상황, 성향 등에 따라 전원에서 농업, 기후 및 자연환경이 좋은 리조트로 이동하여 거주하거나, 자택을 개조하여 작업장(DIY)이나 점포 등의 공간을 가지는 SOHO형 주거도 가능하다.

노년기에는 소득은 감소하지만 의료 및 개호 등 서비스의 수요 확대로 인해 비용의 부담 증대가 예상된다. 따라서, 신체 능력에 맞는 최소의 배려가 있는 주거, 자택에서 간호와 케어를 받을 수 있고 가사 지원 등의 서비스, 이를 확보하기 위한 비용부담이 가능한 경제적 뒷받침이 필요하다.

다양한 라이프 스타일

노년기의 새로운 주거 형태로 역모기지제도를 이용할 수도 있고, 큰 집을 전세로 내놓을 수도 있으며, 작은 임대주택이나 노인주택 등으로 옮기는 방법도 있다. 이를 위해서는 빠른 속도로 증가하는 1, 2인 가구에 대한 주택수요를 입지, 유형, 평면구성 등 어떻게 만족시킬 것인가에 대한 새로운 접근이 필요하다.

대표적인 소형가구의 라이프 스타일로는 독거생활(여성은 남편 사별 후 평균 7-10년 독거), 자녀 세대와의 동거, 혈족 이외 사람들과의 공동생활 등 다양한 주거 방법을 생각할 수 있다.

노년기의 주거 공간

고령자들은 노년기에 접어들면서 일반적으로 근력, 청력, 시력 등 신체 기능이 저하되어 자택에서 지내는 시간이 증가하게 된다. 또한, 중증의 상태가 되어 자택에서 필요한 간호를 받을 수 없을 때는 거주지를 변경하게 되는 경우도 있다. 따라서, 신체 능력의 변화에 따라 배리어프리 설계, 손잡이가 설치된 벽면, 미끄럼 방지 바닥 등 주거 공간 기능의 보완 및 설비 도입이 필요하다. 또한, 중증의 상태가 되어 자택에서 필요한 간호를 받을 수 없을 때는 요구되는 서비스를 찾아 거주지를 변경할 필요가 생긴다.

주거수요 만족을 위한 정책적 대안

노인가구의 주거수요 만족을 위해서는 다음과 같은 정책적 대안이 마련되어야 한다.

- 주거이전(Downsizing)의 용이성이 보장될 필요가 있다.
- 주거를 포함하여 적정 생활을 유지할 방안이 필요하다.
- 주거, 의료, 복지 서비스를 동시에 제공할 방안이 필요하다.
- 노인의 거동의 불편을 최소화할 방안 등이 필요하다.

일본의 지방소멸

인구감소와 인구 이동

마스다 보고서(일본 창성회의(2014. 5), 좌장 마스다 히로야)에 의하면, 2040년 일본의 절반에 해당하는 896개(49.8%)의 지방자치단체가 소멸할 것으로 예측하고 있다.

일본의 인구는 2008년을 기점으로 감소하고 있으며, 2010년 1억 2,806만 명에서 2050년 9,708만 명, 2100년 4,959만 명으로 감소할 것으로 전망하고 있다. 실제 출산율이 1.43명에 그치고 있음에도 불구하고, 인구 감소 대책은 주로 '고령화'에 집중되어 있다.

일본 인구가 동경을 비롯한 대도시에 집중되는 '극점(極點) 사회'가 되면서 인구감소에 더 가속도가 붙는 '인구의 블랙홀 현상'이 일어날 것이다. 인구 블랙홀 현상이란, 20~39세 여성 인구의 분포가 도쿄지역 30%, 오사카와 나고야시 10%, 후쿠오카시는 약 20%가 사회적으로 증가했지만, 기타 지방권에서는 거의 모든 지역에서 최대 80%까지 사회적으로 감소한 상태를 말한다. 인구 조밀 지역일수록 생활 비용이 많이 드는 문제로 인해 출산율이 낮아지는데, 지방은 쇠락하고 대도시권은 고밀도, 고비용의 생활환경으로 고령화 속도가 급격히 증가하고 있다.

지방에서 대도시로의 인구 이동이 진정되지 않는다면, 2040년 20~39세 여성 인구가 50% 이하로 감소하는 일본의 행정구역은 896개 자치단체, 즉 전체의 49.8%에 이른다는 결과가 도출되었다. 북해도와 도호쿠 지역의 80%, 시코쿠 지역의 65%가 소멸 가능 도시로 예측되며, 동경권도 28%, 인구가 1만 명 이하로 떨어질 도시도 523개로 전체의 29.1%로 예측하고 있다.

컴팩트 시티

컴팩트 시티의 의미와 개발 현황

인구 감소로 인해 지방소멸이라는 신조어가 등장하며, 각 지자체에서는 지방 도시를 노인이 살기 좋은 컴팩트 시티로 개발하기 위해 다양한 정책을 시행하고 있다. 산업구조의 변화와 함께 인구가 도시로 밀집하였으나 토지 가격의 상승 등으로 대규모 쇼핑센터는 외곽 도시에 만들어졌고, 이에 따라 생활 중심이 외곽 도시로 자연스럽게 이동하고 구도시의 중심부가 쇠퇴하는 등 전체 지역의 쇠퇴로 이어졌다. 이에 도심 공동화 현상과 노인 문제 극복을 위해 도시 중심부에 주거, 상업, 문화시설을 집약시켜 생활의 효율성을 높이는 컴팩트시티를 대안으로 주목하고 있다.[4]

컴팩트 시티는 도시의 주요 기능을 한 곳에 조성하는 도시계획 기법[5]으로. 일본의 경우 2013년 4월부터 본격적으로 컴팩트 시티를 확산시키기 위해 세제 혜택 등 각종 지원을 시작했으며, 이를 기반으로 2014년 4월 '중심 시가지의 활성화에 관한 법률'이 개정됐다.

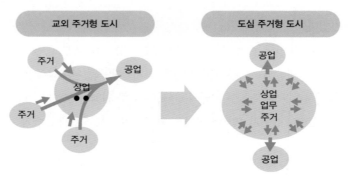

교외 주거형 도시	도심 주거형 도시

교통이 한 방향으로 집중되어 정체 발생 / 교통이 분산되어 정체가 발생하지 않음
방향에 따라 차이가 크고 비효율적임 / 방향에 따른 차이가 적어 효율적임

컴팩트 시티와 기존 도시 비교

4   도쿄대 고령사회 종합연구소. (2019). 도쿄대 고령사회 교과서. 행성B. 473쪽.
5   https://terms.naver.com/entry.naver?docId=2099050&cid=43667&categoryId=43667

컴팩트 시티는 도심 내 활용이 저조한 공간을 새로운 공간으로 재창조하여 경제적 효율성 및 자연환경의 보전까지 추구하는 도시개발 형태이다. 이미 유럽연합(EU)을 비롯한 해외 곳곳에서는 도시문제와 더불어 환경정책의 일환으로서 컴팩트 시티를 지향하고 있다. 도쿄의 롯본기힐즈, 파리의 라데팡스, 뉴욕 배터리 파크시티 등이 대표적인 사례에 해당된다.

서울주택도시공사의 주요 사업 중 컴팩트 시티 프로젝트가 있다. 대표적인 예로는 청년 1인 가구와 신혼부부를 위한 북부간선도로 위의 공공주택, 연희동 유휴부지와 증산 빗물 펌프장을 활용한 공공주택(공유주택, 청년 주택 500명 입주 규모), 낙후된 버스 차고지를 활용한 청년 및 신혼부부를 위한 주택과 공원 등이 진행되고 있다.[6]

2022년에 정부가 김포시 마산동·운양동·장기동·양촌읍 일대 731만㎡를 신규 공공주택 지구로 지정하고, '김포한강2 컴팩트 시티'를 조성한다고 밝힌 바 있다. 광역교통 등 도시기능을 압축해 개발하겠다는 것이 골자이며, 2023년 하반기까지 지구 지정을 마치고, 빠를 경우 2027년부터 순차적으로 분양 후 2029년 이후 실제 입주를 계획하고 있다.[7]

① 서울 5호선 연장(노선 미정) ② 김포공항 연결 및 신도시 순환 BRT
③ GTX 연계(장기역~계양역) ④ 검단신도시 연결성 개선
⑤ 수도권 2순환 연결성 개선

자료: 국토교통부

---

6   SH서울주택도시공사 블로그(https://blog.naver.com/together_sh/221977906951)
7   한국경제 2022. 11. 11 기사 (https://post.naver.com/viewer/postView.naver?memberNo=37570062&volumeNo=34774760)

지속 거주(Aging in Place: AIP)

노년기 주거환경은 삶의 질에 영향을 미치는 핵심 요소 중 하나로 중요하게 다루어져야 할 영역이다. 고령자들은 신체 기능이 저하되어 집에서 머무는 시간이 증가함에 따라 이들을 위한 배리어프리 구조, 미끄럼 방지 등의 기능을 보완하고 필요 설비를 갖춰야 한다.

2020년 노인실태조사(보건복지부)에 따르면 한국 노인의 79.8%가 자가에서 살고 있으며, 78.2%가 혼자 살거나 부부로 구성된 노인 단독가구이다. 거주 장소는 아파트가 48.4%로 가장 많고, 단독주택 35.3%, 연립·다세대주택 15.1% 순이다.

응답자의 83.8%가 건강할 때까지는 지금 거주하는 집에서의 거주 의사를 나타냈고, 56.5%는 거동이 불편해져도 재가 서비스를 받으며 현재의 집에서 계속 살기를 희망했다. 31.3%는 노인을 위한 요양시설 등을 이용하고자 하는 것으로 나타났다.

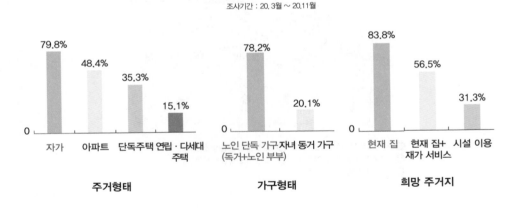

한국 노인의 주거, 가구 형태 및 희망 주거지[8]

---

8   2020년 노인실태조사. 보건복지부

2015년 일본 내각부 자료에 의하면, 거동이 불편해졌을 때 지내고 싶은 장소의 국제비교조사 결과에서의 응답이 일본에서도 우리나라와 동일하게 나타났다. 일본 노인의 약 50%가 현재 사는 집에서 계속 살고 싶다고 응답하였고, 재건축해서 지속해서 살고 싶다는 비율은 16%로 약 70%의 노인이 자택에서의 거주를 희망하고 있는 것으로 나타났다. 그러나 양국 모두 희망대로 생을 마감할 때까지 자택에서 거주하는 비율은 희망하는 비율에 훨씬 못 미치는 수준이다.

AIP의 개념

한국도 급속한 고령화로 인해 지역사회 안에서 돌봄 문제를 해결하고자 하는 관점에서 Aging in Place(AIP, 지속거주) 개념이 도입되어 사용되고 있다. 또한, 액티브 시니어라 불리는 경제력을 갖추고 있으며 활동적인 신노년 세대가 등장하면서 '탈시설화', '노멀라이제이션'을 뛰어넘는 개념의 필요성이 대두되었다.

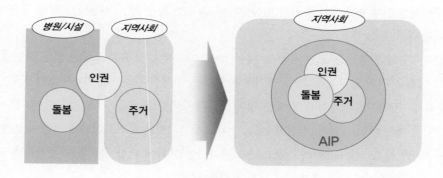

AIP의 등장 배경

이러한 배경 속에서 노인들이 지역사회에서 지속적으로 독립적 생활을 유지하기 위해서는 인권, 돌봄, 주거 등의 개념을 병원·시설과 지역사회라는 장소의 이분화로는 부족한 상태가 되었다. 이에 지역사회 돌봄 체제로 전환되면서 기존에 별개로 존재하던 개념들을 AIP라는 개념으로 포괄하고자 한 것으로 이해할 수 있다.[9]

9　최희정. 2019. 도시 독거노인의 지속 거주(Aging in Place) 경험에 관한 연구. 연세대학교 박사학위.

건강수명

건강수명 연장 방안

건강수명의 연장에 대해서는 건강수명사회를 목표로 한 건강, 의료 전략(일본 재홍 전략 중기 공정표) 등 정부 주도의 다양한 건강 관련 계획에 담겨 있어, 꾸준히 민관 합동으로 추진되고 있다.

중기 공정표에는 구체적인 예로 '건강 수명연장 산업의 육성, (중략) 의료, 개호 정보의 전자화 추진, 일반용 의약품의 인터넷 판매 등 실시'와 같은 내용이 포함되어 있다. 이러한 대책은 건강 관련 비즈니스를 중심으로 한 경제 활성화에 역점을 두고 있는 것으로 한 국민의 주체적인 건강 만들기와 자립적 일상생활에 QOL이 높은 삶을 지원하기 위한 지원책과는 결이 다르다.

'건강수명의 연장'에는 고령자의 성, 나이(전기고령자, 후기고령자)를 포함한 많은 요인에 의해 그 대책은 크게 달라진다. 향후 개인적 차원이든, 정책적 차원이든 비즈니스의 영역이든 단순하게 '건강수명(의 연장)'을 말하는 것이 아니라, 건강도도 높고 활동적인 전기고령자에 대한 대응책은 어떤 것인지, 심신의 기능 감퇴가 두드러지는 후기고령자에 대한 유효한 지원은 무엇인지, '노쇠(frailty)'라고 불리는 고령자의 허약화에 대한 유효한 대응책은 무엇인지 등 노인의 특성에 맞는 효과적인 계획이 필요하다.

중요한 관점은 건강수명을 위해 제공되는 다양한 시책이나 서비스가 과학적 근거에 기초해야 한다는 것이다. 베이비붐 세대를 중심으로 해서 급증하는 향후의 노년 세대는 지금까지와는 다르며, 헬스 리터러시(Literacy)의 향상이 명확하다. 또한 그들은 과학적 근거에 기반한 서비스인지를 구분해 낼 수 있는 능력이 높은 집단이다.

자기관리와 건강수명

다음 그림의 남성과 여성의 나이별 자립도를 살펴보면, 여성의 경우 남성과 달리 사망 시점까지 자립상태로 유지가 되는 패턴이 없고, 수단적 일상생활 동작에 도움이 필요한 노인이 87.9%로 남성노인 70.1%보다 월등히 많은 것을 알 수 있다.

위에서 설명한 상황을 정리해보면 기대수명이 늘어나고 있지만, 건강수명은 기대수명에 못 미치는 수준이고 국가 차원에서는 의료비 및 돌봄 비용 증가, 개인 차원에서는 삶의 질 저하를 생각해 볼 수 있다.

이러한 상황은 사업자의 관점에서도 건강수명 연장을 위한 노력이 중요한 요소라고 할 수 있겠다. 특히 액티브 시니어를 대상으로 하는 노인주택의 경우, 그들의 젊음과 건강을 가능한 한 오랫동안 지속할 수 있는 서비스와 프로그램 마련이 중요한 선택지가 된다.

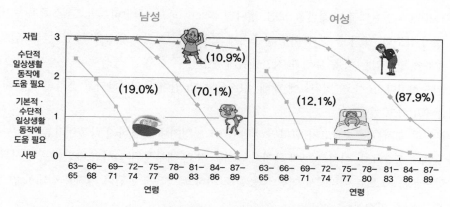

고령자의 증가와 다양한 패턴(전국 고령자 20년간 추적조사)[10]

10   출처: 秋山弘子(2010). 장수 시대의 과학과 사회 구상. [과학] 岩波書店.

웰다잉

웰다잉

2020년 노인실태조사 결과를 보면, 웰다잉(Well-dying)을 희망하지만, 결국 죽음 준비라는 것이 상조회, 묘지 등 장례 위주의 준비에 그치고 있는 것이 현실이다. 한국의 노인들이 생각하는 웰다잉은 가족(자녀)과 지인들에게 부담을 주지 않는 죽음이라는 생각이 90.6%로 압도적이다. 또한, 연명치료에 대해서 85.6%의 노인이 무의미하다고 생각하며 반대 의견을 표명하고 있다.

본인의 의지를 존중받고자 한다면 건강할 때 '연명치료 희망하지 않음'이라는 확실한 의사 표명이 중요하다. 이러한 의지 확인이 어려운 경우, 대부분은 의사의 판단이 우선시된다.

앞으로는 스스로 어디에서 어떤 죽음을 맞이하고 싶은지 본인의 의지와 선택이 반영될 수 있는 환경 마련이 중요하다.

생의 마지막 장소, Dying in Place

한국 노인들은 자신의 건강 상태와 경제적 상황 등에 따라 마지막 장소에 대해 체념적으로 수용하거나 현 자택에서 지속적으로 살다가 죽음을 맞이하기를 희망하거나, 마지막 장소를 적극적으로 선택하는 3가지 유형으로 분류할 수 있다(최희정, 2019).[11]

첫 번째는, '마지막 장소에 대한 체념적 수용'을 하는 유형이다. 한국 노인의 대부분은 요양원에 대해 거부감이 있는 것이 사실이지만, 마지막 순간에는 어쩔 수 없이 요양원에 가야 할 것이라고 체념하는 경우도 있다. 특히 빈곤층 노인의 경우, 와상 노인의 상태가 되면 스스로 선택해서 요양원을 갈 수밖에 없거나, 치매가 심해졌을 때 자녀들에 의해 요양원으로 보내질 것이라고 주로 생각한다. 즉, 싫지만 이용할 수밖에 없는 요양원에 대해, 거동이 불편해지면 요양원에 가기로 결심을 하는 감정의 변화들을 겪는다.

두 번째는, '현 자택에서 지속적으로 살다가 죽음을 맞이하기를 희망'하는 유형이다. 현

---

11 최희정. 2019. 도시 독거노인의 지속 거주(Aging in Place) 경험에 관한 연구. 연세대학교 박사학위.

재 거주하는 집이 노후되고, 혼자 사는 생활에 불편한 점은 있지만 그럼에도 불구하고 자신의 집에서 죽음을 맞이하는 것이 가장 좋다고 생각한다. 이러한 생각은 다음과 같이 유형화할 수 있다.

- 내 집에서 계속 살고자 하는 마음에서 비롯된 자택에 대한 타협적 만족감
- 지금 살고있는 집에서 죽음을 맞이하겠다는 희망
- 익숙한 내 동네에서 지속 거주 희망

세 번째는, '마지막 장소에 대한 적극적 선택'을 하는 유형이다. 생의 마지막 장소로서 독립적 공동생활에 대해 비교적 긍정적으로 반응하며, 독립적 공간만 보장된다면 공동생활을 해도 좋다고 생각하는 유형이다.

경제적인 여건이 허락되면 다양한 서비스를 누리면서 노후를 보낼 수 있는 노인주택에 입주하거나, 육체적 노쇠 혹은 치매로 자택에서 홀로 생활을 지속할 수 없게 되고, 어쩔 수 없이 요양원에 들어가야 한다면 그에 대한 대안으로 독립적인 소규모 생활 시설의 삶을 선택하고자 하는 것이다.

헬스케어 시장의 변화 및 개발 트렌드

일본의 헬스케어 시장의 변화 및 개발 트렌드 ────

일본은 2020년을 기점으로 시니어 헬스케어 비즈니스의 큰 전환점을 맞이하고 있으며, 개호보험 제도에만 의존한 비즈니스 모델은 인적자원의 제약으로 양적 확대 전략의 한계에 직면해 있다.

또 다른 측면에서 노인인구의 증가 및 노인 세대 교류에 의한 헬스케어 서비스의 다양화가 진행되고 있는 상황에서 변화에 대응할 수 없는 사업자는 퇴출로 몰리고 있다.

변화를 일으킬 수 있는 큰 힘은 헬스케어 분야 전반에서 발생하고 있는 개혁이다. 획일적인 서비스의 제공이 아닌 질과 효율성이 높은 복합적인 헬스케어 서비스를 고객의 라이프 스타일에 맞춰 제공하는 시대가 도래했다.

단기적으로는 사업자가 창의성을 발휘하여 성장을 방해하는 요소를 극복할 필요가 있다. 예를 들어 노인복지시설 및 주택 사업자의 경우, 제한된 자원을 자신이 가장 잘 아는 고객과 서비스에 집중해야 한다. 또한, 암이나 난치병 등 질환에 특화된 고난도의 개호서비스를 제공하는 것뿐만 아니라 자립 노인이 살기 좋은 주택을 제공하는 방향도 있을 것이다.

향후 20년 전망에서, 사업자는 시니어 헬스케어 비즈니스의 최종 목표인 '고령자의 라이프 스타일 유지·발전'을 위해 타 업종과의 융합 및 개호서비스를 초월한 가치를 창출해 내야 한다. 업계 전체에서 '고령자의 라이프 스타일 유지'와 '고도의 헬스케어 서비스 제공'이라는 두 축의 서비스 품질 향상이 요구되고 있다.

고령자의 라이프 스타일 유지 측면에서는 개호사업 이외의 영역, 예를 들어 데이터나 로보틱스를 활용한 식사를 포함한 각종 호스피탈리티, 생활 서비스 제공이 과제라고 할 수 있으며, 타 업종과의 협조와 통합이 필요하다.

특히, 고도의 헬스케어 서비스 관점에서는 의료업계와의 협조와 분업이 중요한데, 최근에는 주요 질환에 특화한 케어에 관한 논의가 이루어지고 있으며, 폭넓은 질환의 특성에 맞는 케어가 확립되고 있다.

개호서비스 사업자에 대해서 상위 기업에 의한 M&A를 포함한 사업 규모 확대는 지속되고 있다. 대규모 사업자에만 집중할 것이 아니라 중견, 중소 지역 밀착 기업이 존재한다는 사실을 잊지 말아야 한다.

미국에서도 대기업 과점 시장이 되지는 않았다. 개호 서비스 사업자의 매수에 의한 대규모 확대를 지향할 것이 아니라, 개호사업자를 포함하여 시니어 헬스케어 사업자에 대한 플랫폼이나 업계에서 DX(Digital Transformation)[1]사업자 등을 목표로 하는 움직임이 나타나고 있다.

구체적으로는 개호 기록 등의 데이터, 업무 시스템, 센서, 식사 관련 사업, 인력 관련 사업 등의 분야가 있다. 이 업계에는 사업자뿐만 아니라 펀드 쪽에서도 높은 관심을 보이고, 매수 안건도 있다. 또한, 미국의 고령자 시설, 서비스 사업자는 사업 전체의 1/3 정도는 매니지먼트 계약으로 하는 운영 위탁 업무이며, 일본에서도 이러한 사업의 통합으로 플랫폼이 출현하고, 미국과 같은 사업 모델로 개발해 나갈 가능성이 있다.

1 　디지털 트랜스포메이션(Digital Transformation), 줄여서 DX라고 함. 영어권에서는 Transformation을 X로 줄여 쓰기 때문에 'DT'보다는 'DX'라는 약자를 더 많이 사용함. 디지털 트랜스포메이션은 '디지털적인 모든 것'으로 생겨나는 다양한 변화에 디지털 기반으로 회사의 전략, 조직, 프로세스, 비즈니스모델, 문화, 커뮤니케이션, 시스템을 근본적으로 변화시키는 경영전략임. 사업자에게 DX가 필요해진 가장 큰 이유는 비즈니스의 변화 속도가 빨라졌기 때문임.

일본의 노인주택 M&A 시장

일본의 노인주택업계는 인력 확보 문제, 서비스 질 유지 문제, 타겟이 명확하지 못한 문제 등으로 경영이 어려워질 것이며, 업계 재편이 이루어질 것으로 예상된다. 그중에서도 특히 주택형 유료노인주택과 서비스형고령자주택이 더 어려워질 것이며, 업계 재편 및 M&A는 지속적으로 진행될 것으로 보인다.

최근에는 펀드에 의한 대형 인수, 펀드에서 펀드로의 매각, 대기업 부동산 기업의 자회사의 매각, 대기업 독립계 개호 회사의 매각 등 업계 내에서 화제가 되는 M&A가 많다.

노인주택을 안정적으로 운영하기 위해서는 지역밀착형서비스를 기반으로 하는 사업체제를 유지해 나갈 필요가 있으며, 경영 효율화 향상이 중요한 과제로 다직종연계 등의 움직임도 가속화되고 있다.

노인주택 업계에서의 M&A는 2014년부터 증가 경향이 있었지만, 그 무렵부터 펀드나 타업종의 기업에 의한 인수가 늘어난 것이 특징 중 하나이다. 타 업종이나 대기업의 노인 관련 비즈니스 분야로의 진입은 종말기 영역으로의 확대를 고려하면 많은 회사가 타 업종 대기업의 고령자 분야에의 진입을 검토하고 있다고 생각된다.

업계의 재편까지는 예상할 수 없으나, 변혁이나 성장이 기대되지 않는 비즈니스 모델은 규모와 상관없이 사업이나 시설 양도가 추진된다.

전 세대형 사회보장검토회의 자료에서도 개혁 공정표에 개호사업의 대형화, 협동화가 대두되었다. 앞으로 사회복지법인도 포함하여 M&A나 사업 재편이 이루어질 가능성이 크다. 또한, 외국 자본의 진입, 주식양도나 기업 통합, 사회복지법인의 통합 등이 예상된다.

개호보수 개정이나 인력 부족 등으로 인해 개호 업계는 점점 어려워지고 있으며 그 결과, 사업의 지속이 어려워지는 시설이나 사업소도 증가할 것으로 예상된다. 특히, 2024년도 개호보험제도 개정을 기점으로 시니어 비즈니스나 노인주택 및 시설 사업에 미치는 영향이나 리스크 등을 검토한 후 사업의 계속, 축소 혹은 철수 여부를 판단하는 사업자가 늘어날 것으로 보인다.

2020년은 코로나 19의 영향으로 개호업계의 대형 M&A는 거의 없었으며, 각 개호사업자는 경영 및 코로나 대책 측면에서도 자사의 기반을 확고히 하는 데 우선순위를 두었다. 한편, 2020년 후반은 SOMPO케어나 소라스트 등의 대기업 개호사업자(매수자), 수십 개의 사업소 단위로 개호사업을 경영하는 중견기업의 매각 안건이 증가하는 경향이 있었다. 코로나가 중장기적으로 사회적 과제가 될 것이 명확해지는 상황에서 매도, 매수 쌍방이 중장기적인 경영전략 안에서 M&A라는 선택지를 활용한다는 방향으로 돌아갔다. 그 큰 흐름 속에서 코로나로 인해 일시적으로 잠재화된 사업 계승 문제나 인력 부족, 경영난과 같은 사업 리스크로 인해 중견기업에서 대기업에의 M&A가 추진된 것으로 보인다. M&A와 그에 따른 업계 재편은 계속될 것이며, PE(Private Equity)펀드의 인수 의욕은 여전히 강하고, 앞으로도 대형 인수가 이루어질 가능성은 크다.

지속가능경영을 위한 개호 비즈니스 ———

2020년 이후의 시니어, 개호 비즈니스 업계의 큰 흐름

인력 채용과 육성이 서비스로 직결되기 때문에 인력 확보가 과제이며, ICT나 IoT의 활용이 불가결해진다. 이와 관련하여 다음과 같이 4가지 키워드를 들어 생각해볼 수 있다.

- AI, ICT, 로봇의 진화
- 근거 기반 케어플랜, 성과를 내는 개호
- 외국인 중심의 인력 다양화
- 지역포괄케어에 있어서의 존재감 확보

베이비붐 세대가 85세 이상이 되는 2035년 문제가 중요하지만, 업계의 인력 부족 문제는 현시점에서 한계에 달한 상황으로 이를 해결하기 위한 방안이 부재하고, 국가 차원에서의 대책이 필요한 상태이다.

개호 비즈니스 시장에서 대기업 사업자의 과점화가 진행 중이며, 고령자 감소기에는 사람을 소중하게 생각하는 사업자만 살아남을 수 있을 것이다. 인력 확보와 정착, 개호보험 외 서비스에의 운영이 핵심이라고 할 수 있으며, 채용난이 지속되고 있는 개호업계에서 확보한 인력이 유출되지 않도록 근무환경 정비가 잘된 곳만이 근로자들에게 선택받는다. 또한, 개호보험 서비스 외 비즈니스에도 적극적으로 참여하여 장기적으로 높은 수익을 내는 기업만이 시장에서 생존할 수 있을 것으로 예상된다.

베이비붐 세대가 75세가 되는 2025년은 물론, 그 이후에도 시니어 개호 비즈니스 시장은 확대해 나갈 것이다. 그 과정에서 의료나 개호의 사회보장제도는 재원 문제에서 더욱 저소득층에 재원을 할애하게 될 것으로 보인다. 반대로 부유층은 기본적 부분 외에는 사회보장제도에 의지하지 않는 라이프 스타일을 선택한다.

사회보장비의 부담 증가, 개호인력 부족과 같은 과제 속에서 과도한 개호서비스를 재검토하고, 노인들의 생활을 지지하는 본질적인 개호를 추진해 나가야 한다.

이러한 상황들은 개호보험제도 개정의 영향으로 크게 변화할 것으로 예상되며, 더 나은 제도의 개정을 위해서 업계의 의견이 일치해야 한다. 시니어를 위한 사업은 사회에 필수 불가결한 사업이며, 지속가능한 경영이 가능할 수 있는 토대가 필요한 점에서 생각하면 십시일반 힘을 보태서 업계 지위 향상을 위해 노력해야 한다.

기업의 시니어 헬스케어 업계에 대한 관심사 KEY-WORD

인력채용, 인력육성·정착, 외국인 인력활용, 인건비 상승, 차기 개호보험제도 개정, 건축비 상승, 입주율 개선, 테크놀로지에 의한 업무효율 개선·고객서비스 확충, M&A 등에 의한 기업·사업 규모 확대, 개호보험 외 서비스 포함 사업 다각화, 간병 터미널 케어, 자립지원 개호예방(노쇠 예방), 일본판 CCRC, 빈집 문제, 해외 진출, 시니어 분양 맨션·시니어용 임대주택에서의 선택, 개호의 전문성과 호스피탈리티 정신의 시너지 효과에 의한 가치 창출 등

한국의 시니어 비즈니스 전망

시니어 비즈니스

고령친화산업 시장의 확대를 위해 액티브 시니어 베이비붐 세대를 포함한 노년층을 주요 소비자층으로 한 사업을 '시니어 비즈니스(senior business)'라고 칭하며, 성장을 꾀하고 있다. 즉, 시니어 비즈니스는 신 노년층 베이비부머를 중심으로 운영되는 산업이라고 할 수 있다.

고령친화산업의 규모 및 성장률

고령친화산업 시장 규모 추계는 고령친화 9대 산업(금융, 여가, 식품, 요양, 의약품, 의료기기, 용품, 주거, 화장품) 중 금융산업을 제외한 나머지 산업의 2012년 기준 시장 규모를 모두 합한 값이다.[2]

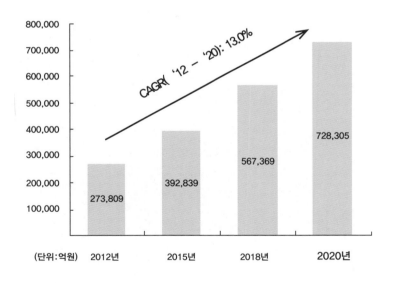

---

2   고경환 외. (2019). 시니어 비즈니스 산업 활성화를 위한 근거 기반 통계의 문제점과과제. 한국보건사회연구원.

고령친화산업 전체 시장 규모는 2012년 27조 3,809억 원이고, 2012년에서 2020년에 걸친 CAGR(연평균 성장률)은 그래프와 같이 13.0%로 나타나 지속적으로 확대되고 있는 것으로 나타났다.[3] 세부 산업별 시장 규모는 다음의 표와 같다.

■ **고령친화산업 시장규모의 추이**

구분 (고령친화산업)	2012		2015		2018		2020		CAGR (%)
	시장 규모	비중	시장 규모	비중	시장 규모	비중	시장 규모	비중	
여가산업	93,043	34	137,237	34.9	202,441	35.7	262.331	36	13.8
식품산업	64,016	23.4	93,609	23.8	136,880	24.1	176.343	24.2	13.5
요양산업	29,349	10.7	46,533	11.8	73,778	13	100.316	13.8	16.6
의약품산업	37,791	13.8	54,010	13.7	77,190	13.6	97.937	13.4	12.6
의료기기산업	12,438	4.5	17,827	4.5	25,550	4.5	32.479	4.5	12.8
용품산업	16,689	6.1	18,770	4.8	20,957	3.7	22.907	3.1	4.0
주거산업	13,546	4.9	14,209	3.6	14,257	2.5	14.301	2	0.7
화장품산업	6,945	2.5	10,645	2.7	16,316	2.9	21.690	3	15.3
합계 (억원)	273,808	100	392,840	100	567,369	100	728.304	100	13.0

주거산업 규모 및 성장률

고령자의 경우 익숙한 자택에서 노후를 보내고 싶은 마음이 크고, 노후된 주택 개조지원을 희망하는 경우가 많아, 앞으로 관련 시장은 확대될 것이다. 다음의 표를 보면, 고령친화 주택개조 시장의 CAGR이 신규주택시장의 약 9배에 달하는 것을 알 수 있다.[4]

정주의식이 강한 우리나라 고령층의 높은 주택 보유 의지를 생각하면, 기존주택의 개조

---

3 한국보건산업진흥원. (2015). 고령친화산업 REPORT 고령친화산업 시장 동향.
4 한국보건산업진흥원. (2015). 고령친화산업 REPORT 고령친화산업 시장 동향.

사업은 새로운 투자처로 부각하리라 전망할 수 있다.

우리보다 고령화가 앞선 일본도 고령자의 주택 소유 비율이 상당히 높아, 휠체어 사용이 용이하도록 복도 폭 조정, 손잡이, 미끄럼 방지 도구 설치 등 기존주택을 배리어프리화할 수 있도록 정부 차원에서 지원정책(융자 확대, 세제 혜택 등)[5]을 적극적으로 실시하고 있다.

■ **고령친화 주거산업의 추이**

(단위: 억원, %)

구분		2012년	2015년	2020년	CAGR(12-20)
고령친화 주거산업	신규주택	13,289	13,906	13,906	0.6
	주택개조 (전략품목)	257	303	396	5.5
	합계	13,546	14,209	14,301	0.7
모태산업		918,512	612,532	613,441	-4.9
모태산업 대비 비중		1.5	2.3	2.3	-

요양산업 시장 규모 및 성장률

고령친화 요양산업은 고령친화 산업 중에서 가장 성장률[6]이 높은 분야로 2012년 모태산업 대비 93.9%를 차지하고 있으며, 2012년 시장 규모는 2조 9,349억 원, 연평균 16.6%의 성장률을 보이고 있다.

요양산업은 「노인장기요양보험법」상의 재가요양 서비스 및 시설요양 서비스로 구분되며, 시장 규모는 장기요양보험통계 중 65세 인정자의 총요양비를 이용하여 추계한다. AIP 개념에 의하면 집에서 지속 거주를 희망하는 고령자가 많은 만큼 방문요양 서비스에 대한 수요가 높다.

---

5   내진 개수 500만엔, 맨션개축 1,000만엔 융자, 소득세 및 고정자산세 등 세제 감면 혜택 지원 등.
6   한국보건산업진흥원. (2015). 고령친화산업 REPORT 고령친화산업 시장 동향.

■ 고령친화 요양산업 시장규모 전망

(단위: 억원, %)

구분	2012년	2015년	2020년	CAGR(12-20)
고령친화 요양산업	29,349	46,533	100,316	16.6
모태산업	31,256	49,545	106,769	16.6
모태산업 대비 비중	93.9	93.9	94.0	-

■ 고령친화 요양산업 전략품목 시장규모

(단위: 억원, %)

구분	2010년	2011년	2012년	CAGR(09-12)
전략품목 (방문요양서비스)	11,769	11,903	11,203	13.8
고령친화 요양산업	25,675	27,787	29,349	16.6
고령친화 요양산업 대비 비중	45.8	42.8	38.2	-

일본의 헬스케어 리츠(Health Care REITs) ───────

헬스케어 리츠

헬스케어 리츠는 헬스케어 산업과 관련이 있는 병원, 고령자주택, 메디컬 오피스 빌딩, 요양 및 장기 치료시설 등 다양한 시설에 전문적으로 투자하는 리츠를 일컫는다.

주요 투자대상

헬스케어 리츠의 주요 투자대상은 유형에 따라 고령자주택, 요양 및 장기 치료시설, 의료시설, 연구시설, 건강시설로 분류할 수 있다. 고령자주택, 요양 및 장기 치료시설, 의료시설(메디컬 빌딩)은 헬스케어 리츠가 가장 많이 투자하는 대상이다.

연구시설과 건강시설은 헬스케어 리츠에 의해 포트폴리오 다각화 및 헬스케어 산업의 통합적인 운영에서 투자가 이루어진다. 대표적 예시로 펀드 동향을 살펴보면, 제일생명보험이 2020년 12월에 코베시의 노인주택 건물을 구입하고 개호시설의 부동산 투자에 참여했다. 개호시설은 코로나19 상황에서도 수요가 비교적 안정적이라고 판단되어, 투자처 다각화의 하나로 선택되고 있다. 또한, 2020년 9월에는 미쯔비시UFJ리스 산하의 자산운용회사가 처음으로 개호의료원에 투자를 했다.

리츠로 추진된 물건의 개호 운영사도 확대되고 있다. 경영적으로 안정감이 있는 개호 운영자가 증가한 점으로부터, 리츠도 투자대상 선택지의 폭이 넓어졌으며, 시설 수 상위의 운영자 대다수가 자사 개호시설의 주인으로서 리츠와의 파트너십을 맺고 있다.

상장현황

일본에서 헬스케어 리츠가 2014년 11월에 상장해서 헬스케어 전문 리츠 중 2개의 리츠는 레지던셜 리츠와 통합되었으나, 물건의 취득은 지속되고 있다. 2020년 2월 기준 도쿄증권거래소에는 일본헬스케어투자법인(NHR), 헬스케어&메디컬투자법인(HCM), 재팬시니어리빙투자법인(JSL) 등 3개 종목이 있다. 규모는 553억 엔으로 전체 리츠시장의 1%를 차지하며, 3개 리츠의 투자물건은 약 100개 수준으로 87.5%가 유료노인주택(개호형, 주택형),

12.5%가 서비스형고령자주택이다.

헬스케어 리츠 자산 운용 방식

투자시설의 운용수익에 좌우되며, 일반 리츠가 주로 부동산 임대수익에 기반한 것과 달리, 리츠 운용주관을 담당하는 자산운영사가 헬스케어 시설 운영 사업자와 임대차 계약 체결 후 운영 사업자가 시설 운영을 통한 수익금을 투자자에게 배분하는 형식이다.

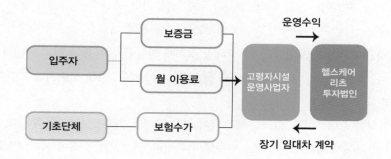

헬스케어 리츠 시장의 확대

신규시설의 개발 동향은 미쯔비시지쇼 레지던스가 동경 23구 내에 도시형으로 컴팩트 고급형 유료노인주택의 개발을 추진하고 있다. 토지주의 토지 유효활용에 의한 시설 개발이 어려운 지가가 높은 도시부에 있어서 신규시설의 개설에 대기업 개발사의 진입이 계속되고 있다.

초고령사회의 진전에 따라, 개호시설은 사회적인 문제를 해결하는 ESG투자에 있어서 투자처의 하나로 주목받기 시작하여 리츠와 베이비붐 세대 이외에도 국내를 대표하는 투자가에 의한 헬스케어 자산의 투자가 확대되고 있다.

2025년 일본 고령화율(전체 인구에서 65세 이상이 차지하는 비율)이 35%를 초과할 것으로 예상되며, 베이비붐 세대가 75세 이상 후기고령자로 진입함에 따라 노인주택 및 시설 확충이 시급한 상황으로 헬스케어 리츠 시장은 더 확대될 것으로 예상된다.

또한, 2000년의 개호보험 제도로부터 20년이 지나고, 건축 연수가 20년을 넘은 시설도 많이 존재하여 개설 당시의 임대차계약 기간이 종료되고, 재건축의 움직임도 시작되었다.

리츠, 펀드와의 공동개발이 실현되면 계획적으로 재건축을 추진하는 것이 가능해진다.

개호인력부족에 의한 채용비용의 증대에 따른 운영비의 재검토만으로는 한계가 있어 시설유지에 관한 비용이나, 노후화 시설에 대한 대규모 수선 또는 재건축을 포함한 부동산 비용까지의 전반적인 재검토가 필요하다. 앞으로의 신규시설 개설 방법의 다양화 없이는 개호사업운영은 곤란해질 것이다.

헬스케어 리츠는 이러한 시설을 공급하고 부동산 운영관리의 전문가로서 운영해나감으로 개인에게는 없는 시설 부동산의 장기적, 안정적인 관리 운영이 가능해질 것이다.

부동산 시장에 있어서는 오피스, 맨션과 같은 전통적인 자산을 중심으로 물건 가격이 내려가지 않는 상태가 이어져, 일부 리츠에서는 새로운 투자 기회를 찾아 투자대상의 다양화를 추진하는 움직임도 보였다. 그중 하나가 경기에 영향을 받지 않는 장기 임대차계약을 기반으로 하는 안정적인 임료 수입이 있는 헬스케어 시설이다. 이는 전통적인 자산에 없는 특징이라고 할 수 있다.

헬스케어시설에 대해서는 2014년 헬스케어 리츠 탄생을 계기로 J리츠의 투자대상이 되었다. 수요의 확대가 예상되는 유료노인주택이나 서비스형고령자주택에 이어, 병원 및 부속 복합시설 등으로 대상이 확대된 점과 주택형 J리츠가 새로운 투자대상이 되는 등 헬스케어시설을 둘러싼 사업자도 증가했다.

최근 이슈

부동산 투자에서도 ESG나 SDGs를 고려한 투자가 주목받고 있다. 최근 구미의 투자가들이 투자처인 ESG나 SDGs에 배려를 요구하는 움직임을 반영하여, 일본 국내에서도 국토교통성이 ESG투자를 촉진하는 데 있어서의 방향성이 논의되고 있다. 부동산은 사회와의 연결을 통해서 그 유용성을 발휘하는 자산으로 특히, 일본에서도 저출산 및 고령화, 개호의 일손 부족 등에 직면해 있는 상황이기 때문에 헬스케어시설은 초고령사회의 과제 해결에 자산이 되는 사회 인프라로 자리매김하고 있다.

한국에서도 리츠를 시작으로 하는 투자가와 노인주택 및 요양사업 운영자와의 협업으로 노후화된 시설의 재건축을 포함해 신규시설의 개발이 추진되어 나갈 것을 기대한다.

헬스케어 리츠 활용 메리트

노인주택 운영 사업자의 메리트	- 자금 조달 방법의 다양화 - 밸런스 시트의 경량화, 재무 체질의 강화 - 장기 운용하는 리츠가 주인이 되는 것에 의한 경영 안정화 - 수선 등의 계획적인 실시로 인해 적절한 부동산의 유지와 관리 - 유효 활용 안건에 의존하지 않는 신규 개발 가능성 - 브랜드 이미지 향상(리츠의 IR, 주주 우대 등을 통한 홍보 효과)
입주자 및 가족의 메리트	- 주택 운영의 투명성 향상 - 장기 운영을 하는 리츠가 주인이 됨으로써 경영 운영 안정화 - 양질의 노인주택 공급 촉진
투자자의 메리트	- 투자 기회 확대 및 창조 - 노인주택의 소유에 의한 사회적 의의 획득(ESG투자나 SDGs의 관점)

한국의 헬스케어 리츠 시도 사례

헬스케어 1호 리츠의 보류

청연메디컬그룹은 양·한방 협진 병원인 청연한방병원 등을 운영하는 의료법인으로 자산 매각과 동시에 장기 임차계약을 맺고 병원 시설을 계속 사용할 계획으로, 병원 등 의료시설을 인수한 뒤 이를 의료기관에 임대해 수익을 내는 구조의 리츠를 기획했다.

KB부동산신탁에서 국내 처음으로 헬스케어 전문 리츠를 설립하고, 2020년 8월 국토교통부에 'KB헬스케어1호리츠'의 영업 등록을 신청했었다.

그러나 라임자산운용의 부도 여파로 상장시장이 경색된 상황에서 청연메디컬그룹이 법인회생절차를 신청했다. 2020년 12월 국토부는 자산 매입 가격이 과도하다는 이유로 등록 신청을 보류하였고, 이에 현재 한국 헬스케어 리츠는 없는 상황이다.

구분		내용		
상품명		㈜KB헬스케어1호위탁관리부동산투자회사		
투자대상	투자대상	청연메디컬그룹자산(양·한방병원, 재활센터, 요양병원)		
		아주청연빌딩	상무청연신관	서광주 청연요양병원
	위치	광주 상무지구	광주 상무지구	광주 서구
	연면적	4,908평	2,156평	2,869평
	책임 임차인(예정)	청연인베스트먼트 아주청연빌딩일부 면적 제외		
	임대차기간	- 임대차 개시일로부터 15년 - 만기 1년 전 계약 해지 미 통보 시, 5년 자동연장		
	임대료/상승률	연 3,180백만원 / 매년 3.0%	연 1,128백만원 / 매년 3.0%	연 2,940백만원 / 매년 3.0%
매입금액 580억원		1,240억원		
		180억원	480억원	
투자기간		매입일로부터 3년 (투자자 의사결정으로 단축 or 연장 가능)		
예상 배당수익율(3년 평균)		선순위 공모투자자: 연 8.5% (매각차익 제외)		
이익분배기준		6개월(회계기간)기간 기준 배당 (결산기준일로부터 2개월 내 지급 예정)		

치매, 지역사회 통합돌봄
(커뮤니티케어)

치매 대응 新 수법

HECT 어프로치

'HECT(헥트) 어프로치'는 치매 노인의 일상생활에서 발생할 수 있는 행동 측면의 곤란한 점이나 강한 불안 등 심리적인 고민(BPSD) 등의 요인을 명확히 하고, 특정화하여 그것을 해결하는 방법을 찾아내는 수법이다.

Health(건강), Environment(환경), Communication(소통), Task(작업)의 4가지 항목을 가지고 곤란함의 원인을 찾아 개입해 나간다. 치매가 있는 사람의 BPSD[1]는 건강 상태의 난조와 그 장소의 분위기, 커뮤니케이션을 하는 방법이나 작업 수행 방법 등이 원인이 되는 경우가 많기 때문에 HECT 어프로치는 생활의 다양한 장면에서 활용 가능하다.

인간 존중과 자립 지원이라는 이념에 근거하여 치매로 진단을 받아도 지금까지 살아온 인생의 가치관을 존중하면서 케어하고 있다.

---

1   BPSD: Behavioral and Psychological Symptoms of Dementia, 치매의 행동·심리증상·치매(dementia)에 동반하는 난폭한 행동, 피해망상, 밤낮바뀜, 실금 등의 행동이나 심리적 증상을 말하며, 이전에는 '주변증상', '문제행동'이라고 하였음.

유마니튜드 수법

유마니튜드(humanitude=인간다움, humanity+attitude)는 감각, 감정, 언어에 의한 포괄적 케어 기법이며, 1979년 프랑스 체육학 교사 이브 제네스트와 로젯 마레스코티가 개발한 케어 기법이다. 인간다움을 회복한다는 철학에 기초를 두고 있으며, 인간으로서 마지막까지 가지고 있는 감정, 근육, 감각 등 모든 잔존 능력을 그대로 유지 및 강화해 치매를 치유하려는 접근 방법이다.

치매 대응 서비스 도입 사례 ——————————

HECT(헥트) 어프로치 및 유마니튜드 도입 사례

SOMPO케어㈜는 치매 노인과 함께 하는 사업 전략을 시행하고 있다. '보고, 말하고, 만지고, 서는' 것을 기본으로 한 '자신다움'을 추구하는 치매인과의 프랑스식 커뮤니케이션기법인 '유마니튜드'를 ㈜에쿠사위자드의 업무 제휴로 SOMPO 케어㈜의 개호형 유료노인주택 3개소에 도입했다.

유마니튜드 4개 기법. 출처: 모두의 간병 홈페이지
https://www.minnanokaigo.com/guide/dementia/humanitude/

치매 응원 프로젝트 'Orange+'

지역과의 교류 속에서 치매에 대한 바른 지식 제공과 이해 촉진을 도모하기 위해 만든 SOMPO 케어㈜의 독자적인 치매 응원 프로젝트이다. 일례로 치매 노인의 사회 참여와 치매에 대한 바른 이해를 촉진하기 위해 치매 당사자 스스로가 점원이 되는 식당을 부정기적으로 열고 있다. 지역주민들과 기업의 협력을 얻어 치매 노인의 사회 참여와 지역주민들이 치매에 대한 이미지 변화가 가능해졌다.

치매 기능 저하의 억제에 유효한 'SOMPO 스마일, 에이징 프로그램'

2020년 SOMPO 그룹의 개호사업과 생활습관병 예방사업으로 축적된 지식, 경험을 활용하여 국립장수의료연구센터 및 FINGERS Brain Health Institute(FBHI)와 공동으로 고령자의 생활 습관 개선을 통해서 치매 기능 저하를 예방하는 프로그램 'SOMPO 스마일·에이징 프로그램'을 개발했다.

운동	영양지도
주1회 전체 운동 자택에서 운동 습관 체력 측정으로 평가	식사 어드바이스 간이 체크 정기 영양지도
사회참여	인지기능훈련
친구 만들기 사회와의 교류	'CogEvo' 활용 5분의 게임 감각 정기적인 평가 실시

이 프로그램의 목표는 일본의 치매 발생 리스크를 감소시키는 것이며, 이 프로그램은 치매가 아닌 건강한 사람, 경도인지장애(MIC)라고 진단받은 사람 등 다양한 사람들을 대상으로 하고 있다.

운동, 영양 지도, 인지 기능훈련, 사회참여의 4가지 서비스 프로그램을 종합 패키지로 하며 6개월을 1세트로 프로그램을 시행함으로 생활 습관 개선 등을 끌어낼 수 있도록 한다.

Gakken 웰니스 CLUB(회원제 치매예방 서비스)

서비스형고령자주택 등을 운영하는 (주)Gakken코코팡에서는 2021년 1월부터 치매예방 등을 중심으로 간호사가 온라인 건강상담을 하는 회원제 서비스 'Gakken 웰니스 CLUB'을 시작했다.

(주)Gakken 홀딩스에서는 2020년 '치매 예방 연구실'을 설립하고, 60대~80대를 대상으로 실증 실험을 실시하고 있다. 회원이 되면 우선 치매 리스크 체크를 받고, 5년 후에 치매가 될 리스크를 확인한다. 그 후 간호사와 뇌 건강 온라인 면담을 월 2회 실시하면서 정기적으로 '뇌 트레이닝'을 받고 특정 동영상을 보면서 운동하는 등 일상생활 속에서 뇌와 신

체를 훈련한다. 뇌 나이에 대해서 3개월마다 체크하고, 한 사람 한 사람의 뇌와 신체의 건강 상태를 기록하여 더 나아가 향상하는 것을 목표로 한다. 프로그램의 진행은 다음의 표와 같다.

1	간호사에 의한 뇌와 신체의 온라인 건강 상담	월 2회
2	치매 리스크 체크	입회 시
3	뇌 트레이닝 릴레이	3개월 단위로 제공
4	건강해지는 운동 영상	정기 갱신
5	뇌 활성도 정기 검사	3개월마다 실시

컴퓨터 혹은 스마트폰으로, 어디에서든 간단하게 참여할 수 있는 편리함도 특징이다. 간호사는 회원과 온라인으로 얼굴을 보면서 대화하고, 스포츠 센터의 퍼스널 트레이너와 같은 존재로서 회원 가까이에서 커뮤니케이션을 하면서 사회참가와 프로그램 지속의 동기부여를 담당한다.

뇌 나이 체크에는 크레디세종 그룹의 (주)뇌활성종합연구소와 연계하고, 동사가 개발한 뇌 활성도 정기검사(뇌 검사)를 사용한다. '숫자의 기억', '언어의 기억', '공간 파악', '기억과 계산', '변화 파악'의 5개 분야에서 뇌의 움직임 정도(인지기능)가 나이에 상응하는지 검사하는 내용으로 검사 결과는 축적한 5,000명의 수검자 데이터를 기반으로 측정한다. 회원은 스스로의 뇌 나이를 바로 알 수 있다.

또한, 운동 영상은 '카뷔 댄스 시리즈(제공: Gakken 플러스)'에서 유명한 트레이너에 의해 전신 운동과 코그니사이즈[2]를 중심으로 한 오리지널 체조를 1회 3분 정도로 가볍게 지속할 수 있는 뇌에 효과적인 프로그램이다. 뇌 트레이닝 릴레이는 Gakken에서 발행한 식사와 영양에 관한 서적을 활용하며, 회원의 자택으로 발송된다. 출판사로서 Gakken이 가진 소스를 다면적으로 이 분야에 활용해 나가는 점도 특징이라고 할 수 있다.

요금은 입회비 3,000엔(세 별도), 월 이용료는 5,980엔(세 별도)이다. 타겟은 당사자 및 자

---

2 코그니사이즈는 인식 기능(cognition)과 운동(exercise)의 합성어로, 근육운동을 하면서 동시에 두뇌를 사용하는 운동법으로, 노인들이 근육을 단련하면서 치매도 예방하기 위해 활용되는 방식이다. 이 운동법은 일본 나고야 국립건강장수의료센터의 시마다 히로유키 박사가 개발해 노인센터, 보건소 등에 보급했다. (네이버 지식백과 시사상식사전)

녀 세대로서 향후 계획으로는 온라인뿐만 아니라 서비스형고령자주택 입주자 등을 위한 대면식 프로그램 개발도 예정하고 있다.

간호사 확보에 관해서는 그룹 내 의학, 간호 서적 출판사인 루트에서 접근하여, 이직 중인 '잠재 간호사'의 활용이나 재직 중이어도 부업 가능한 형태를 구축한다. e러닝이나 웨비나를 중심으로 동 서비스에 대해서 교육을 하여, 현 상태에서는 진료 수준보다는 건강상담 서비스에 특화하는 것으로, 향후 온라인 진료 등과의 연계도 검토하고 있다.

Gakken 웰니스 CLUB은 2023년 9월 기에 회원 수 1만 명, 매출 7억 엔을 목표로 한다. Gakken 그룹은 치매 그룹홈을 약 280동 운영하고 있는 이 분야의 선두 기업이다. 메디컬·케어·서비스(주)를 법인 산하에 두고 있으나 새로운 서비스를 포함하여 치매에 관한 나이마다 예방, 조기 발견, 완화, 케어와 내용을 바꾸면서 65세에서 100세까지 지속적으로 서비스 제공이 가능한 체제를 목표로 추진하고 있다.

한국의 치매국가책임제

보건복지부는 2017년 9월 치매 당사자와 가족의 부담 완화를 위해 국가와 사회의 책임성을 강화한 '치매국가책임제' 추진계획을 발표하였고, 치매안심센터를 통한 치매통합서비스, 장기요양서비스 확대, 의료지원 강화, 치매 친화적 환경조성 등을 실행하고 있다.[3]

치매안심센터를 통한 통합서비스 지원

2019년 12월에 전국 256개 모든 치매안심센터가 인력 및 기능을 갖추어 정식 개소하고, 치매 당사자와 가족들에게 상담, 검진, 1:1 사례관리 등의 통합적인 서비스를 제공하고 있다.

치매안심센터에서 상담, 검진 및 쉼터를 통한 낮 시간 돌봄, 인지 강화 프로그램을 이용할 수 있으며, 보호자는 치매안심센터 내 가족 카페를 이용하여 휴식, 가족 간 정보교환, 자조모임 지원 등을 받을 수 있다. 코로나 이후에는 찾아가는 방문형 진단 서비스와 동영상 콘텐츠 등 온라인 자원을 활용한 비대면 서비스를 강화하여 운영하고 있다.

장기요양서비스의 확대

2018년 1월부터 치매 지원등급을 신설하여 경증 치매의 경우에도 장기요양 등급을 받아 서비스를 이용할 수 있게 되었고, 2018년 8월에는 장기요양비 본인 부담 경감 대상자와 경감 폭을 대폭 확대[4]하여 당사자의 부담을 완화하였다. 또한, 공립 요양시설이 없는 지역을 중심으로 치매전담형 공립장기요양기관 110개소의 단계적 확충도 추진하고 있다.

의료지원 강화

2017년 10월, 건강보험 제도개선을 통해 중증 치매환자의 의료비 부담비율을 최대 60%

---

3 2020. 9. 18. 보건복지부 보도자료
4 장기요양 본인부담률: (건강보험료 순위 0~25%) 50% 경감 → 60% 경감 (건강보험료 순위 25~50%) 0% 경감 → 40% 경감

에서 10%로 대폭 낮추었고, 2018년 1월부터는 신경인지검사와 자기공명영상검사(MRI) 등 고비용 치매검사[5]의 건강보험 적용을 통해 본인부담금을 줄였다.

또한 환각, 폭력, 망상 등 행동심리증상(BPSD)이 심한 치매환자의 집중치료를 위한 치매전문병동을 전국 공립요양병원 60개소에 설치하고 있다.

치매 친화적 환경조성

치매 당사자와 가족을 지원하는 치매 친화적 환경의 치매안심마을이 전국 339곳에 운영되고 있으며, 의사결정에 어려움을 겪는 치매 당사자의 의사결정권 보호를 위해 2018년 9월부터 치매 공공후견제도를 시행하고 있다. 또한, 치매 파트너를 총 100만 명 정도 양성하여 치매 인식 개선·확산을 위해 홍보활동과 자원봉사에 참여하고 있다.

그 외에도 국가 치매 연구개발계획(2018년 6월)에 따라 2020년부터 9년간 2,000억 원을 투자하여 치매 원인 진단, 치료기술 개발연구 등을 추진하고, 치매전담형 장기요양기관이나 치매전문병동 같은 치매 인프라도 지속적으로 확충해 나갈 계획이다.

---

[5] SNSB(서울신경심리검사): 40만 원 → 15만 원, CERAD-K(한국판 CERAD 평가집): 20만 원 → 6만5,000원, 자기공명영상검사: 약 60만 원 → 14~33만 원(상급병원 기준)

한국의 커뮤니티케어

지역사회통합돌봄

지역사회통합돌봄(community care)은 돌봄(care)이 필요한 지역사회 주민이 자신의 집이나 지역 내 시설에 거주하며 필요한 서비스를 받으면서 지역사회 안에서 지속적으로 거주할 수 있도록 하는 지역주도형 사회서비스 정책이라고 할 수 있다.[6]

보건복지부에서 2018년 돌봄이 필요한 주민(노인, 장애인, 노숙인 등)을 대상으로 '지역사회 통합돌봄 기본계획'을 발표했다. 이를 실현하기 위해 2018년 3월 커뮤니티케어 추진본부 및 추진단을 설립하고, 그림7과 같이 비전 및 로드맵을 수립하였다.

지역사회통합돌봄 비전과 로드맵

6   보건복지부. (2018). 지역사회 중심 복지구현을 위한 커뮤니티케어 추진방향. 보건복지부 커뮤니티 케어 추진단.
7   보건복지부. (2018). 지역사회 통합돌봄 기본계획서. 2018

영국에서 이미 실행되고 있는 것과 같이 우리나라에서도 초고령사회의 대비책으로 2018년부터 커뮤니티케어를 추진하고 있다. 해외 커뮤니티케어 모델을 참고하여 한국형 모델을 구상하고, 2020년 16개 지자체에서 시범사업이 시행되었다.

병원이나 시설보다 지역사회의 돌봄체계로의 전환과 기존 서비스를 통합적으로 제공하려는 정책적 방향에 따라 노인돌봄 전달체계가 개편되면서 다음의 표[8]와 같이 크게 4개 영역의 서비스를 제공하는 시범사업을 추진하였다.

보건의료 서비스	ICT 방문 건강관리 사업	– AT · IOT 기반으로 어르신 바이탈사인 수집과 건강상담 정보를 시스템에 입력하여 병원진료시스템과 연계하는 케어서비스
	방문진료 사업	– 거동불편 등으로 병의원 이용 곤란시 왕진서비스 연계
	만성질환 관리	– 만성질환자 관리 및 건강생활실천 서비스 제공
	퇴원환자관리	– 요양병원 퇴원시 돌봄본부와 연계하여 통합적인 재가 서비스 제공
요양 서비스	정기 순회 수시 대응형 재가 서비스	– 요양보호사와 이용자를 한 그룹으로 묶어 이용자별 필요시간에 대응하는 방식의 순회서비스
	통합재가 서비스	– 방문요양 · 목욕 · 간호 서비스를 통합적으로 제공
	기능회복 서비스	– 주야간보호기관에 이용자의 기능회복 강화를 위해 물리(작업)치료사 배치
생활지원 서비스	이동지원	– 병원, 관공서, 은행, 마트 등 외출 활동 차량지원
	동행지원	– 병원, 관공서, 은행, 마트 등 외출 활동 동행지원
	식생활 지원	– 건강상태별 맞춤식사, 도시락 및 밑반찬배달
	일시재가 서비스	– 급성기병원 퇴원 이후 장기요양 등급인정 받기 전 재가서비스 제공
주거복지 서비스	주택개조	– 고령자에 맞는 주거환경 조성을 위한 주택개조사업
	지원주택	– LH와 협의를 통해 노인돌봄주택 등 확보

커뮤니티케어 4개 영역 서비스

커뮤니티케어 정책은 지역사회의 특성이 충분히 반영되어야 하고, 민간의 적극적인 협력과 지역사회의 자원 연계가 필수 불가결하다. 그렇기 때문에 정부에서는 커뮤니티케어 체계를 성공적으로 정착시키기 위해 공공과 민간의 협력을 강조하고 있다.

또한, 돌봄이라는 표현을 사용하고 있으나 광의의 차원에서 지역 노인 모두가 건강하게 노후를 보낼 수 있는 환경을 마련을 위한 정책으로 자리매김하는 것이 중요하다.

---

8   이영광. (2021). 노인통합돌봄체계 구축방안 연구. 한국노인복지학회 학술대회, 435-454.

지역포괄케어시스템

베이비붐 세대가 75세가 되는 2025년 이후는 국민의 의료, 개호 수요가 월등히 증가할 것이다. 이러한 상황을 대비하기 위해 후생노동성에서는 고령자의 존엄 유지와 자립 생활 지원을 목표로 그림과 같이 지역포괄케어시스템을 구축하고 있다. 이는 초고령이나 노쇠로 인해 전적으로 케어가 필요한 상태가 되어도 가능한 한 자신이 살던 익숙한 동네와 집에서 인생 마지막까지 지속적으로 살아갈 수 있도록 포괄적인 지원·서비스[9]를 제공할 수 있는 체제이다.

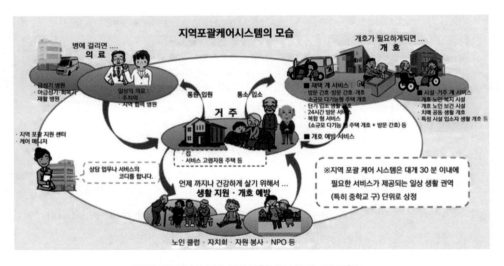

지역포괄케어시스템 개요도(후생노동성, 2018)[10]

---

9 주거, 의료, 개호, 예방, 생활지원의 일체적 제공하며, 이를 위해 지자체에서는 3년 주기로 개호보험 사업계획을 수립하여 실행

10 https://www.mhlw.go.jp/stf/seisakunitsuite/bunya/hukushi_kaigo/kaigo_koureisha/chiiki-houkatsu/ (접속일:2022. 05. 22)

지역포괄케어시스템 구축 프로세스

지역포괄케어시스템을 실행과정을 살펴보면, 그림과 같이 우선 지역사회의 당면과제 확인 및 보유 자원을 파악한다. 그 후 지역사회 안에서 과제 해결을 위한 대책을 검토하고 결정하여 실행한다.

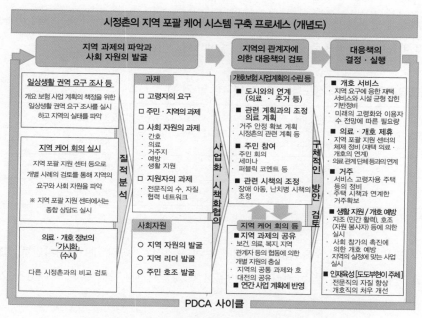

지역포괄케어시스템 구축 프로세스 개념도(후생노동성)[11]

지역포괄케어시스템의 범위

지역포괄케어시스템은 일상생활권역을 범위로 하는데 이는 인구 2~3만 명 수준의 범위, 즉 중학교 권역으로 30분 이내에 이동이 가능한 거리이다(地域包括ケア研究会, 2009). 해당 범위 안에서 파악하고 발굴한 지역사회의 자원을 연계하고, 지역주민, 기업, 행정의 협력이 중요하다고 할 수 있다.

---

11 https://www.mhlw.go.jp/stf/seisakunitsuite/bunya/hukushi_kaigo/kaigo_koureisha/chiiki-houkatsu/
(접속일: 2022.05.22)

지역포괄지원센터

지역포괄지원센터[12]는 지역포괄케어시스템 실행을 위한 거점으로 개호보험의 1호 피보험자 3천 명에서 6천 명 단위로 설치하며, 기본적으로 시구정촌에 1개씩 설치하여 시정촌이 직영하거나 위탁 방식으로 운영되고 있다.

2021년 4월 기준 전국에 약 5,351개소 설치되어 있으며 지사와 출장소를 포함할 경우 약 7,386개소에 달한다.[13] 설치 주체는 직영(1,080개소)과 위탁(4,190개소)이 약 2:8의 비율이며, 위탁의 비율이 지속적으로 증가하고 있는 추세이다.

■ **지역포괄지원센터 수(후생노동성, 2022년 4월 말 기준)**

지역포괄지원센터	5,351개소
브런치	1,688개소
서브 센터	347개소
합	7,386개소

지역포괄지원센터의 주요 업무는 그림과 같이 포괄적·지속적 케어매니지먼트 지원, 종합상담 지원, 지원체계 구축, 권리옹호(성년후견제도 등), 지역의 자원 발굴, 학대방지, 개호예방지원 등이 있다.

지역포괄지원센터에서는 팀 활동을 기본으로 하며, 담당별 주요 업무는 아래와 같다. 지역주민의 생활 안정과 건강 유지를 위해 이들이 상호 협력하여 필요한 지원을 하게 된다. 지역포괄지원센터에서는 개호보험의 수혜 대상 노인들의 케어플랜을 수립하는 재택개호지원사업소와 달리 모든 노인을 대상으로 상담한다.

---

12 https://www.minnanokaigo.com/guide/homecare/area-comprehensive-support-center/
(접속일: 2022. 05. 22)

13 일본 후생노동성 사이트 https://www.mhlw.go.jp/content/12300000/000756893.pdf (접속일:2022. 05. 22)

■ 지역포괄지원센터 주요 담당자별 업무

구분	사회복지사	보건사	케어매니저
업무 내용	-개호, 생활지원 -곤란 사례 -복합문제 가족 -학대문제 -성년후견제도	-건강 -의료 -개호예방 -지역지원사업 -학대문제	-개호 전반 -케어매니저 지원 -곤란 사례 -복합문제 가족 -학대문제 -서비스 사업자 연계 -사업자의 질 향상
연락처	-행정 -전문기관	-보건소 -병원 / 약국	-개호서비스 사업자

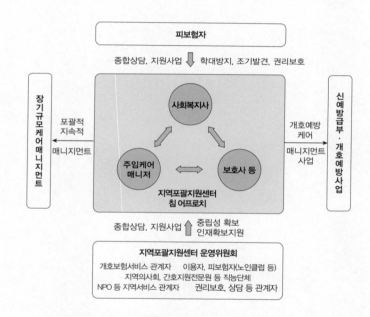

지역포괄지원센터의 체계와 역할(후생노동성)[14]

---

14 https://www.mhlw.go.jp/stf/seisakunitsuite/bunya/hukushi_kaigo/kaigo_koureisha/chiiki-houkatsu/
(접속일:2022. 05. 22)

개호보험과 개호 인력 부족

개호보험제도 제2기 돌입

제2기 개호보험제도

일본의 개호보험제도는 2021년도 개호보수 개정으로 20년을 이어온 1기를 끝내고 제2기에 돌입했다. 2021년도 개호보수 개정은 LIFE 데이터베이스에서 축적된 근거(evidence)에 바탕을 두고 AI를 활용한 케어플랜의 작성, 자립 지원 개호 평가지침을 만들고 성공보수 도입, commute(통소) 재활에는 월액 포괄보수가 도입되는 방향으로 정해졌다.

자립지원과 과학적 개호정보시스템 LIFE의 위치 정립

2021년도 개호보수 개정을 통해 자립 지원의 방향을 정하였고, 재활·기능훈련, 구강 케어, 영양개선의 3가지 키워드가 명확하게 주목받게 되었다.

그에 따라 OT(Occupational Therapy: 작업요법사), PT(Physical Therapy: 이학요법사), ST(Speech-Language Therapy: 언어청각사)와 같은 전문직이 주목받게 되었고, 관리영양사의 역할이 대폭 확대되었다. 또한, 케어의 질을 향상하기 위한 근거 구축을 목적으로 한 데이터베이스인 LIFE(2021년 4월부터 VISIT와 CHASE를 통합)의 데이터 제공이 3가지 키워드에 관련된 가산 산정요건의 일부로 확정되었다.

또한 과학적 개호 추진체제 가산도 만들어졌다. 이 가산은 LIFE 데이터베이스에 모든 이용자의 재활, 기능훈련, 구강케어, 영양개선, 치매 등의 데이터와 관련된 것으로 LIFE 데이터베이스로부터 제공되는 피드백 데이터를 활용하여 케어플랜이나 재활 계획 등의 작업을 평가하는 가산이다. 가산이란 시설과 사업소가 제공하는 서비스에 보수를 붙인 것을 말한다.

일본의 개호 인력 부족 현황 ────────

일본의 인력 부족 현황

　일본의 2040년까지 인구구조 변화를 살펴보면, 베이비붐 세대가 75세 이상이 되는 2025년에 고령자 인구가 급속하게 증가하고, 이후 증가의 추이는 완만해지는 반면, 이미 감소하고 있는 생산연령인구는 2025년 이후 감소가 가속화될 것으로 전망된다.[1]

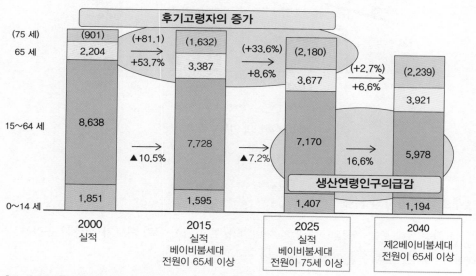

출처 : 총무성, 국세조사, 인구추계 일본의 장래추계인구, 2017년 추계

인구구조의 변화(2000년~2040년)[2]

────────

1　2018년 10월 5일 경제재산자문회의 후생노동대신 제출 자료 중
2　福祉·介護人材確保対策について. 厚生労働省 社会·援護局 福祉基盤課福祉人材確保対策室 2019. 9. 18 자료

2030년 인력 부족 문제에 관한 노동수요와 공급 예측치를 보면, 노동수요는 7,073만 명이고, 노동 공급(사업자 61만 명 제외)은 6,429만 명으로 644만 명이 부족할 것으로 보고 있다.[3] 노동력의 가치가 상승하고 있는 가운데, 개호 인력 부족 해소를 위해서는 대책 마련이 관련 관건이다.

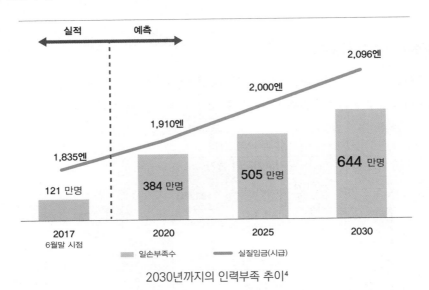

2030년까지의 인력부족 추이[4]

개호직 종사자의 실태

4K직종(위험·힘듦·더러움·저임금)의 이미지가 뿌리 깊어 인력 확보가 상당히 곤란한 상태이며, 이직률 또한 높은 문제점이 있다.[5]

3   パーソル総合研究所「労働市場の未来推計2030」

4   パーソル総合研究所「労働市場の未来推計2030」

5   出典·平均給, 有効求人倍率「第79回社会保障審議会介護保険部会2019年7月26日」, 「厚生労働省2017年賃金構造基本統計調査」·ハラスメント経験率「2018年度厚生労働省老健事業 介護現場におけるハラスメントに関する調査研究報告書 三菱総研2019年4月」·業界人気ランキング「マイナビ学生就職モニター調査2019年6月」※官公庁·公社·団体を除く41業種が対象

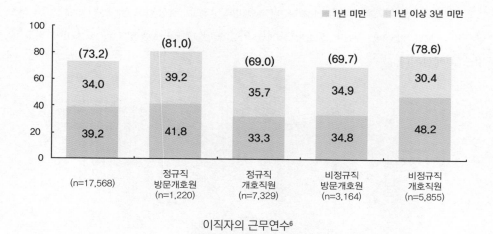

이직자의 근무연수[6]

상기와 같이 이직자의 약 73%는 근무연수가 3년 미만으로, 높은 이직률로 인해 업계 전체에서 새로운 인력을 확보하지 못하고 있다. 이직률을 개선해서 인력을 정착시키지 못하는 한 개호 업계의 인력 부족 문제는 개선되지 못할 것이다.

평균 연봉은 전 산업 평균과 비교해 100만 엔 정도 낮은 수준으로 평균 급여는 연간 328.8만 엔(월 27.4만 엔) 수준이다.

전 산업 연봉은 439.2만 엔(월 36.6만 엔)이고 간호직 연봉은 478.8만 엔(월 39.9만 엔), 보육사 연봉은 342.0만 엔(월 28.5만 엔)에 달했다.

근로환경의 문제 중 성추행 경험률이 특별양호노인주택의 경우 70% 이상, 개호형 유료 노인주택의 경우 60% 이상이나 된다. 또한, 41개 업종 중 취직 인기 순위 38위로 비인기 직종에 해당한다. 유효 구인 배율이 전 업종 1.46배에 비해 개호직은 3.95배로 인력난이 심각한 상황이라고 할 수 있다.

개호 직원 필요 수

개호보험 사업계획의 개호서비스 예상량 등에 근거하여 도도부현이 추계한 개호 직원의 필요 수를 집계해 보면, 괄호 안은 2019년도 211만 명 대비 증가 수치를 나타낸다.

---

6   출처: 福祉・介護人手確保対策について|厚生労働省 厚生労働省 社会・援護局 福祉基盤課 福祉人材確保対策室 2019. 9. 18 자료

2023년도에는 약 233만 명(+약 22만 명(5.5만 명/년))으로 예상되고, 2025년도에는 약 243만 명(+약 32만 명(5.3만 명/년)), 2040년도에는 약 280만 명(+약 69만 명(3.3만 명/년))이 필요할 것으로 예상된다.

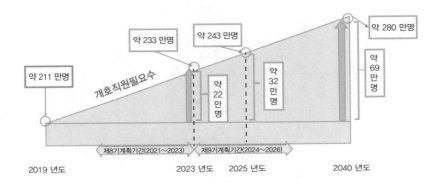

개호인력부족의 심각화 현상[5]

개호 직원의 필요 수는 개호보험 급여의 대상이 되는 개호서비스 사업소, 개호보험시설에 종사하는 개호직원의 필요 수이다. 여기에 개호예방 및 일상 생활지원 종합사업 중 종전의 개호예방 방문개호 등에 해당하는 서비스에 종사하는 개호직원의 필요 수를 더한 것이다.

---

5 출처: 후생노동성 2021년 7월 9일 '제8기 개호보험사업 계획에 기반한 개호직원의 필요수에 대해서'에서 발췌

인력 부족 문제의 국가적 대응

국가 차원의 대응

국가는 개호직원의 처우개선, 다양한 인력 확보·육성·이직 방지·정착 촉진, 생산성 향상, 개호직의 매력 향상, 외국인 인력의 유입 환경 정비 등 종합적인 개호인력 확보대책이 필요하다.[8]

- 고령자 인구가 피크아웃되는 2040년까지 사회보장제도 개혁을 통해 우선은 제도를 유지, 활용하도록 한다.
- 근로 방식의 개혁을 통해 '노동자'의 범위를 넓힌다
- 처우개선 가산을 통해 개호보험제도의 범위에서의 임금을 향상한다.
- 적은 인원으로 효과를 향상시킬 수 있도록 생산성 향상에 힘쓴다.
- 과학적 개호를 통해 비용 낭비 없이 효과가 확실한 것에 중점을 둔다.
- 개호예방·중증화 방지 등을 통해 개호서비스가 필요한 사람을 감소시킨다.
- 원활히 추진되고 있지는 않으나 선택적 개호를 통해 공정 가격 이외의 서비스의 수익화를 도모한다.
- 사업 주체의 대규모화 등 경영의 효율화를 도모한다.

---

8 https://www.koureisha-jutaku.com/wp-content/uploads/26-1_26-2_20210831.pdf
   https://www.mhlw.go.jp/content/12000000/000549665.pdf

지금까지의 주요 대책에 앞으로 더해질 주요 대책 내용을 살펴보면, 다음과 같다.

개호직원의 처우개선	- 리더급의 개호직원에 대해서 타 산업과 비교하여 손색없는 임금 수준을 목표로, 총액 2,000억 엔(연)을 활용하여, 경험이 있는 개호 직원에게 중점화한 처우개선을 2019년 10월부터 실시 중 - 2021년도 개호정보 개정에서는 개호직원의 인력확보, 처우개선 등에도 개정안을 +0.7%로 함과 동시에 처우개선에 대해서 개호직원 간의 배분 규칙의 유연화를 실시 (실적) 월액 평균 7.5만 엔 개선 월액 평균 1.8만 엔 개선(19년도~) 월액 평균 2.4만 엔 개선(21년도~) 월액 평균 0.6만 엔 개선(24년도~) 월액 평균 1.3만 엔 개선(27년도~) 월액 평균 1.4만 엔 개선(29년도~)
다양한 인력 확보, 육성	- 개호복지사 수학 자금 대부, 재취업 준비금 대부에 의한 지원 - 장년, 고령자 등의 개호 미경험자에 대한 입문 연수 실수로 연수 수강 후의 체험지원, 매칭까지 일체적 지원 - 자원봉사 포인트를 활용한 개호 분야에서의 취로 활동 추진 - 타 업종에서 진입 촉진을 위한 캐리어 컨설팅이나 구직자를 위한 직업 훈련의 범위 확충, 훈련직장 견학, 직장체험 추진, 훈련위탁비 지원, 훈련 수료자에의 변제 면제 등의 취직 지원급 대여 실시 - 복지계 고등학교에 다니는 학생에 대한 새로운 변제, 면제 수학자금 대여 실시 개호시설 등에 있어서 방재 리더 양성
이직 방지 정착 촉진 생산성 향상	- 개호 로봇, ICT 등 기술의 활용 추진 - 개호시설, 사업소 내의 보육시설 설치, 운영 지원 - 캐리어 향상을 위한 연수 수강 부담 경감과 대체 직원 확보 지원 - 생산성 향상 가이드라인 보급 - 고민 상담 창구 설치, 젊은 직원의 교류 추진 - 위드 코로나에 대응한 온라인 연수 도입 지원, 부업, 겸업 등의 다양한 근무 방식 모델 사업 시행
개호직원의 매력 향상	- 학생이나 보호자, 진로 지도 담당자 등 개호 업무의 이해 촉진 개호를 알기 위한 체험형 이벤트 개최 - 청년층, 양육을 끝낸 부모, 액티브 시니어를 대상으로 개호직의 정보 발신 - 개호 서비스의 질 향상과 그 내용의 주지를 위해 케어 콘테스트의 추진을 정보화하여 발신
외국인 인력 유입 환경 정비	- 개호복지사를 목표로 하는 유학생 등의 지원(개호복지사 수학 자금 대여 추진, 일상생활면에서의 상담 지원 등) - '특정기능' 등 외국인 개호직의 유입 환경 정비(현지 설명회 등에 의한 일본의 개호 PR, 개호 기능 향상을 위한 집합 연수, 개호의 일본어 학습 지원, 개호 업무 등의 상담 지원, 순환 방문 실시 등) - 국가의 정보 발신 확충 등

다음의 그래프[9]에서도 확인할 수 있듯이 타 직종과 비교해 개호직의 경우는 앞으로 구인난이 더욱 심각해질 것으로 보인다. 이러한 사실은 민관 모두 예견하고 있는 것으로 앞서 설명한 바와 같이 이직 방지, 정착 촉진을 향상 시키기 위한 노력이 확대되어야 하며, 개호직원으로서 매력을 느낄 수 있는 다양한 차원의 시도가 지속되어야 한다.

개호관련직종 유효구인배율과 실업률(2014~20)

9 후생노동성. '직업안정업무통계'. 총무성 '노동력 조사'

인력 부족 문제해결과 LIFE ────────────

LIFE[10] 데이터베이스에 의한 과학적 개호 추진

일본은 2021년을 '과학적 개호 원년'으로 정하고, 개호보수 개정의 방향은 재활치료·기능훈련, 구강 케어, 영양개선의 자립 지원으로 정하였다. LIFE에서 제공되는 피드백 데이터를 활용하여 케어플랜이나 재활치료 계획 등을 재검토하여 케어의 질적 향상을 꾀하는 등 PDCA(Plan-Do-Check-Action) 사이클의 프로세스를 평가한다.

따라서, LIFE에서 제공되는 피드백 데이터를 얼마나 유효하게 활용할 것인가가 중요한 과제이다. 이것으로 케어의 질이 향상되고, 이용자 만족도 향상으로 이어진다면 차별화가 된다. 또한, 이용자 만족도가 향상되는 것으로 직원 또한 동기부여가 되어 직원 만족도 향상 및 정착률이 높아지고, 인력 모집도 쉬워질 것이다.

기록 소프트 도입에는 구매 비용과 함께 태블릿 구입이나 Wi-Fi 환경의 정비 등 설비 투자가 필요하나, 지역의료개호종합확보기금을 활용한 ICT 도입 지원제도를 활용할 수 있어서 비용부담은 경감이 가능하다.

개호보수 개정에서 재활치료·기능훈련, 구강 케어, 영양개선과 관련한 가산을 위해 LIFE에 데이터 제출과 활용이 산정요건에 포함되어 있다. 신설된 가산에서는 산정요건으로서 정립되어, 기존 가산에 대해서도 산정 구분이 만들어졌다. 즉, LIFE에의 제출과 활용이 가산 산정에는 필수사항이 된다.

ADL 유지는 산정요건으로 정해져 있으며, 의료 DPC 데이터베이스와의 연계도 이루어진다. LIFE라는 근거(evidence)가 확립되는 메리트도 크다. 지금까지는 전국 표준 근거

---

10 LIFE(Long-term care Information system For Evidence): LIFE란 정부·후생성이 중시하는 자립 지원·중도화 방지를 목적으로 하는 보다 효과적인 개호 서비스 실현을 위해 도입하는 대규모 데이터베이스를 의미한다. LIFE에 축적되는 것은 이용자의 상태와 각종 서비스 내용에 관한 막대한 정보로 수집된 데이터는 피드백에 활용하거나 근거(evidence) 확립 등에 도움이 된다. 지금까지의 고령자 상태나 케어 데이터 수집시스템(CHASE)과 commute(통소)·방문 재활치료 데이터 수집 시스템(VISIT)을 일체화하여 2021년(레이와(令和)3년) 4월부터 운영한다.

(evidence)가 없어, 비교 대상이 없었기 때문에 시설, 사업소의 의견을 그대로 받아들일 수밖에 없었지만, LIFE가 궤도에 오르면서 전국 표준 비교 대상이 생겼다. 이를 통해 개호서비스 평가의 표준화가 가능해질 것을 기대할 수 있다. 이용자, 가족도 우량 서비스를 제공하는 시설, 사업소를 선택할 수 있게 되고, 표준에 접근하지 못하는 서비스를 제공하는 시설, 사업소는 도태될 것으로 보인다.

업무 개선의 4 요소

업무 개선의 4 요소는 인적 요소, 설비적 요소, 환경요소, 관리적 요소로 구분할 수 있다.

인적 요소는 이직률에도 직결되는 문제로서, 직원 개인의 경험과 기술력 및 개인의 커뮤니케이션 능력들이 소속된 직무 영역에 영향을 미친다.

설비적 요소는 연간 사업계획보다 ICT화 추진의 로드맵 변화를 우선으로 고려할 때, 단말 PC 및 태블릿 부족, 네트워크 속도 및 플로어 구성 등이 있다.

환경적 요소는 인적 요소와 관리적 요소보다 자연스럽게 개선점이 두드러진다. 즉, 직원체제, 시프트 체제, 입사자 및 재직자의 교육 체제, 사업소·서비스의 종별, 지역의 특색이나 개별성 등이 여기에 해당한다.

관리적 요소는 예를 들어 대규모 법인일 경우, 법인 본부의 의사결정이 각 시설에 전해져야 할 필요성 및 내용을 충분히 고민해야 한다. 관리적 요소의 내용으로는 운용 순서, 운용 룰(표준화되어 있지 않음) 등이 있고 법인사업계획에 명시되어 있는 서비스 정책과의 괴리 등도 고려해야 한다.

기업의 인력 채용·정착·이직 방지 대응 ───────

인력 부족 문제에 대한 업계의 전반적 대응

개호인력의 확보를 위해 기업에서는 인력개발 센터를 설치하여 운영하는 곳도 있으며, 연수 체계화와 실기지도의 강화에 노력을 기울이고 있다.

또한, ICT활용에 의한 직원 부담 경감을 실현하는 기업도 있다. 또한, 신입 채용에 주력하고, 처우개선, 연수 시스템 구축(캐리어 단위 준거, 자립지원개호, 치매 케어), 외국인 채용을 위한 협동조합 설립(양질의 외국인 등용), 개호직원 양성을 목표로 하는 양질의 외국인(장학생)의 등용과 육성에 노력을 기울이고 있다.

또한, 커리어 업 플랜의 다각화와 새로운 인사평가제도의 도입에 의한 평가의 가시화, OJT 연수 강화에 의한 신입 사원과의 관계 심화, 미경험자의 단기연수 프로그램을 구축하는 사례도 있다.

학회발표나 해외파견 연구 등 동기부여가 향상될 수 있는 교육 프로그램을 시행하고 있으며, 개호 로봇의 도입 등 서비스 질 향상과 직원의 부담 경감을 위한 투자도 적극적으로 추진하고 있다.

기업은 양질의 서비스를 제공하기 위해서는 직원의 만족도를 높이는 것이 중요하며, 이를 위해서는 처우개선, 유연한 근무 형태의 도입, 충실한 연수제도, 직원 포인트 부여제도, 표창 제도 등을 도입하고 있다.

노동환경, 처우개선

2020년도 개호 근로 조사에 의하면 개호 노동자의 업무에 관한 문제로 인력부족 외에도 노동환경이 정비되어 있지 못하다는 점이 있다. 구체적으로는 업무 내용에 비해 급여가 낮고(약 39%), 신체적 부담이 크며(약 31%), 유급휴가 사용의 어려움(약 26%)이 있다.[11]

이에 대한 대책으로 IT 기술의 도입은 업무효율을 도모하여 상황을 개선할 수 있다. 효

───────

11   令和2年度 介護労働調査 | 公益財団法人介護労働安定センター

율적인 근무 일정 관리, 근태관리의 정비를 통해 개인의 부담 경감, 임대 관리 간편화로 사무처리 부담 경감, 서류 작업의 효율화 등이 예가 될 수 있다.

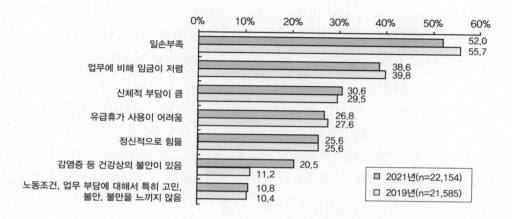

노동조건의 고민, 불안, 불만 등(복수응답, 상위 발췌)

개호 현장의 노동환경과 처우가 나쁘면 진입을 촉진시키려해도 효과가 없을 뿐만 아니라 인력의 직장 정착도 어려우며, 노동환경과 처우개선도 쉽지 않다.

업무와 육아, 개호와의 양립이 가능한 환경으로 이직을 방지하고, 정착을 촉진하는 관점과 괴롭힘, 학대방지 대책을 강화하는 관점 등도 포함하여 직원 관점에서 '근무하기 좋은' 직장을 만드는 것이 종업원의 의욕이 향상되고, 직장 정착도 수월해진다.

인력확보 및 양성을 위한 사례

개호직에 자부심을 가지고 실천 가능한 인력 육성을 위해 SOMPO는 다양한 노력을 하고 있다. 인력을 육성하여 서비스의 품질을 향상시키고 인력을 정착시키고 있으며 기업 내 대학(연수 시설) 'SOMPO케어 유니버시티'를 신설하여 (SOMPO케어 유니버시티芝浦, SOMPO케어 유니버시티大阪) OJT와 Off-JT를 병설한 유니버시티 교육을 실시하고 있다. 이외에도 '개호 프라이드'를 실천할 수 있는 인력을 육성하고 연수 프로그램을 외부적으로 확대해나가고 있다.[12]

---

12   月刊 SENIOR BUSINESS MARKET 2020년 8월호 32쪽.

AI 등 첨단기술을 활용하여 입주자와 직원 만족 향상 사례

카나자와 시내에 있는 주택형 유료노인주택 '케어과학센터 와카미야(若宮)스테이션'은 총 27세대로 구성되어 있으며, AI, ICT 등 첨단기술을 활용한 독자적인 운영을 하고 있다.[13]

이 주택의 사업 주체는 카나자와(金沢)를 중심으로 이시가와현(石川県) 내의 의료 컨설팅 회사, 시큐리티회사 등 15개 사가 초고령사회의 과제 해결을 위해 공동 출자하여 2017년에 설립한 ㈜고도개호시설운영관리센터이다.

AI를 적극적으로 활용해 의료, 간호, 개호를 일원화하여 제공한다는 점이 특징이다. 비접촉형 바이탈 센터를 시작으로 의사와 상호 커뮤니케이션이 가능한 컴퓨터를 각 세대에 비치하였다. 센서를 통해 얻어진 데이터는 1층의 중앙관리실로 보내지고, 간호사가 24시간 365일 상주하여 관리한다. 이러한 시스템으로 인해 입주자는 안심할 수 있고, 직원의 야간 정기순회 업무가 대폭 삭감되어 업무를 개선한다.

긴급 상황에는 각 세대에 비치된 모니터를 통해 의사와 직접 소통할 수 있도록 하여 상황을 확인하고 정확하게 사태를 해결한다.

대학의 연구자 등과 협력하여 독자적으로 개발한 AI시스템에 의한 업무개선으로 기존의 8시간 근무를 5시간으로 단축하였고, 나머지 3시간에 대해서는 입주자와 대면하여 커뮤니케이션을 할 수 있는 시간으로 활용하거나, 스스로 학습 시간으로 사용되었다.

13　月刊 SENIOR BUSINESS MARKET 2020년 1월호 6쪽.

한국의 노인장기요양보험제도 ──────

장기요양보험제도

장기요양보험제도는 2008년부터 시행된 것으로 고령이나 노인성 질병 등으로 목욕이나 집안일 등 일상생활을 혼자 수행하기 어려운 사람을 대상으로 신체활동·가사지원 등의 서비스를 제공하여 노후생활의 안정과 가족의 부담을 덜어주기 위한 사회보험제도이다.[14]

우리나라 노인장기요양보험제도는 건강보험제도와는 별개의 제도로 도입·운영되고 있으나, 보험자 및 관리 운영기관은 국민건강보험공단으로 일원화되어 있다. 또한, 국고지원이 가미된 사회보험방식을 채택하고 있고 수급 대상자에는 65세 미만의 장애인이 제외되어 노인을 중심으로 운영되고 있다.

재원 조달 방법

노인장기요양보험 운영에 필요한 재원은 가입자가 납부하는 장기요양보험료[15] 및 국가 지방자치단체 부담금[16], 장기요양급여 이용자가 부담하는 본인부담금으로 조달된다.

재가 및 시설 급여비용 중 수급자의 본인부담금(장기요양 기관에 직접 납부)은 「노인장기요양보험법」 제40조에 의거하여 재가급여는 장기요양급여 비용의 15%이며 시설급여는 장기요양급여 비용의 20%, 국민기초생활보장법에 따른 의료급여 수급자는 본인부담금 전액을 면제받는다.

기존 노인복지서비스 체계와의 차이

「노인복지법」의 노인요양은 주로 국민기초생활보장수급자 등 특정 저소득층을 대상으

---

14 출처: 국민건강보험공단 홈페이지
15 [건강보험료액 × 12.27%(2022년도 보험료 기준]
16 국고지원금: 국가는 매년 예산의 범위 안에서 해당 연도 장기요양보험료 예상 수입액의 100분의 20에 상당하는 금액을 공단에 지원. 국가 및 지방자치단체 부담: 의료급여수급권자에 대한 장기요양급여비용, 의사소견서 발급비용, 방문간호지시서 발급비용 중 공단이 부담해야 할 비용 및 관리운영비의 전액을 부담.

로 국가나 지방자치단체가 공적부조 방식으로 제공하는 서비스 위주로 운영됐으나, 노인 장기요양보험법의 서비스는 소득과 관계없이 심신 기능 상태를 고려한 요양 필요도에 따라 장기요양 인정을 받은 자에게 서비스가 제공되는 보다 보편적인 체계로 운영되고 있다.

■ **노인장기요양보험제도와 기존 노인복지서비스체계 비교표**

구분	노인장기요양보험	기존 노인복지서비스 체계
관련법	- 노인장기요양보험법	- 노인복지법
서비스 대상	- 보편적 제도 - 장기요양이 필요한 65세이상 노인 및 치매 등 노인성질병을 가진 65세 미만자	- 특정대상 한정(선택적) - 국민기초생활보장 수급자를 포함한 저소득층 위주
서비스 선택	- 수급자 및 부양가족의 선택에 의한 서비스 제공	- 지방자치단체장의 판단(공급자 위주)
재원	- 장기요양보험료+국가 및 지방자치단체 부담+이용자 본인 부담	- 정부 및 지방자치단체의 부담

한·일의 요양보험(개호보험) 적용 범위 비교

노인주택 시장의 활성화를 위해서는 적절한 제도와 정책의 뒷받침이 필요하며, 일본과 같이 노인주거를 위한 선택지 확대라는 차원에서 장기요양보험의 적용을 다양화할 필요가 있다.

구분	근거 법	노인복지주택	노인요양시설	재가서비스
한국	노인장기요양 보험법	미적용	적용	적용
		주거복지시설	의료복지시설	재가급여시설
일본	개호보험법	적용	적용	적용
		주택서비스 제공업자로 등록 시 적용	의료, 요양형 시설 적용	방문서비스 외 복지용품판매도 포함

과학적 개호

과학적 개호 정보시스템(LIFE)

과학적 개호 정보시스템(LIFE)

일본에서는 레이와(令和) 3년(2021년)을, '과학적 개호 원년'으로 정하고, 자립지원 추진에 힘을 쏟고 있다. 과학적 개호는 '과학적 뒷받침(근거=evidence)에 따른 개호'를 의미하며, 다음의 ①~③의 과정이 유기적으로 순환하는 것이다.[1]

① 과학적 뒷받침(근거)에 기반한 개호의 실천
② 과학적으로 타당성이 있는 지표 등을 현장에서 수집, 축적, 분석
③ 분석의 성과를 현장에 피드백하여 더욱더 과학적 개호를 추진

여기에서 두 번째 과정에 해당하는 내용이 과학적 개호 정보시스템(LIFE)의 역할이라고 할 수 있다.

과학적 개호 정보시스템(LIFE, Long-term care Information system For Evidence)이란 후생노동성이 자립 지원·중도화 방지를 목적으로 보다 효과적인 개호 서비스 실현을 위해 도입하는 대규모 데이터베이스를 의미한다. LIFE에 축적되는 것은 이용자의 상태와 각종 서비스에 관한 막대한 정보로 수집된 데이터로, 피드백에 활용되거나 근거(evidence) 확립 등에 활용할 수 있다.

지금까지의 고령자 상태나 케어 데이터 수집시스템(CHASE)과 commute(통소)·방문 재활치료의 데이터 수집시스템(VISIT)을 일체화하여 2021년(레이와 3년) 4월부터 운영하고 있다.

즉, 개호 서비스 이용자의 상태나, 개호 시설·사업소에서 진행하고 있는 케어의 계획·내용 등을 입력하면, 인터넷을 통해 후생노동성에 보내지고 입력 내용이 분석되어 해당 시설로 피드백되는 정보시스템이다. 이는 개호 사업소에서 PDCA(Paln-Do-Check-Action)

---

1 후생노동성 노인국 노인보건과 자료(https://www.mhlw.go.jp/content/12301000/000949376.pdf)

사이클을 돌리기 위한 도구로 활용된다.

LIFE에 의해 수집·축적된 데이터의 활용

LIFE에 의해 수집·축적된 데이터는 피드백 정보로써 활용되고, 물론 시책의 효과나 과제 등의 파악, 재검토를 위한 분석에도 활용된다. LIFE에 데이터가 축적되고 분석이 진행됨에 따라 evidence(근거)를 바탕으로 고품질의 개호가 가능해진다. 향후 데이터의 집적에 따라 사업소 단위, 이용자 단위의 피드백을 순차적으로 실시할 수 있다.

개호 현장에서는 다음의 그림과 같이 업무에 PDCA를 활용하여 공통된 지표를 가지고 평가와 어세스먼트(예: ADL이 얼마나 변화하고 있는가?)를 하고, 평가와 어세스먼트 내용에 근거한 논의를 통해 개호 DX(디지털 트랜스포메이션)을 추진한다.

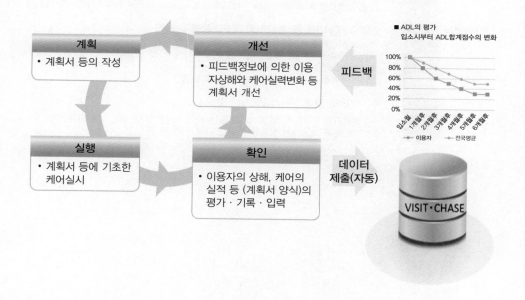

과학적 개호정보시스템 LIFE로 정착 경위

2017년도 VISIT를 운용하기 시작하였고 2018년에 개호보수에서 VISIT를 평가하게 되었으며, 2020년도부터는 모든 개호서비스를 대상으로 고령자의 상태와 케어 내용 등의 정보를 수집하는 CHASE의 운용도 시작되었다.

그 후 2021년부터 VISIT와 CHASE를 통합하여 LIFE로 사용하기 시작하였다. 2021년 3월 말 시점에서 약 6만 사업소에 ID가 발행되었다.

LIFE의 활용으로, 이용자 개인 단위로 개인이 받는 케어의 효과가 충분한지, 자신에게 맞는 적절한 케어가 무엇인지 등에 대한 피드백을 받을 수 있어서 개인의 상태에 따른 데이터에 근거한 케어를 받을 수 있게 된다.

2017년도	V I S I T	**• VISIT의 운용을 시작** 통소·방문 재활치료사업소에서 재활치료의 정보수집을 시작 2020년 3월말 시점 631사업소가 참가
2018년도		**• 개호정보의 VISIT을 평가** 개호정보의 VISIT을 평가 대상 서비스 : 통소·방문 재활치료사업소 재활치료의 데이터 수집·분석을 시작
2020년도	C H A S E	**• CHASE의 운용을 시작** 모든 개호 서비스를 대상으로 고령자의 상해와 케어 내용 등 정보를 수집 시작 2020년 10월 기준 2999 사업소에 ID를 발행 모델 사업으로 제출된 데이터와 피드백을 실시하고, 설문을 통해 내용을 리뷰함
2021년도	LIFE	**• VISIT과 CHASE를 통합하고, LIFE 운용을 시작** 2022년도 개호보수개정에 있어서 샐운 평가를 신설 사업소단위로 개인단위 분석결과를 피드백함 데이터의 입력 부담을 낮춤 2021년 3월 기준 약 6만 사업소에 ID를 발행 〈LIFE 활용으로 가능해지는 것〉 이용자개인단위로 개인이 받고 있는 케어가 충분한지, 개인의 상태에 맞는 데이터에 기존해서 적절한 케어를 받을 수 있게 됨

LIFE 활용과 차세대 개호사업 경영

LIFE 미활용 시 가산 소득 불가

2021년도 개호보수 개정에 있어서 재활, 기능훈련, 구강 케어, 영양개선에 관한 모든 신설된 가산항목에 LIFE 데이터베이스에의 제출과 활용이 가산 요건으로 추가되었다. 신설 가산뿐만 아니라 기존 가산항목에 대해서도 빠짐없이 산정구간을 설정하는 등, LIFE에의 제출과 활용이 향후 가산항목 산정의 필수 항목이 된다. 향후 신설되는 가산에 대해서도 LIFE를 활용하지 않으면 산정이 불가하게 될 가능성이 크며, 기존의 가산에 대해서도 다음 개정에서 산정요건(ADL 유지 등)에 포함될 가능성이 있다.[2]

LIFE 데이터베이스 관련 가산 단위는 월 20~40단위 정도로 높은 수준이 아니다. 사무 부담이나 도입 비용을 생각하면 수지가 맞지 않는다. 기록 소프트를 도입함으로 일상 업무에서 축적된 정보를 활용하여 데이터 제출이 필요한 CSV 데이터로서 추출하여 제공되는 구조이다. 나머지는 LIFE에서 제공되는 피드백 데이터를 얼마나 활용할 것인가가 중요한 과제이다. 피드백 데이터를 PDCA의 매니지먼트 사이클로 유효하게 활용하여 케어의 질 향상과 이용자 만족도 향상이 된다면 개호사업자에게 있어서 커다란 차별화로 이어질 것이다.

자립 지원에 관한 추진의 평가 확대

최근 개호보수 개정에서 재활, 기능훈련, 구강 케어, 영양개선의 자립 지원이 보완되었다. 거기에 따라 작업요법사, 이학요법사, 언어청각사와 같은 테라피스트, 관리영양사, 치과위생사의 역할이 명확하게 되었고, 특히 관리영양사의 역할이 크게 확대되어 LIFE 데이터베이스에의 데이터 제출 및 활용이 가산항목의 산정요건에 추가되었다.

자세히 말하면 LIFE 데이터베이스에서 제공되는 피드백 데이터를 활용하고, 케어플랜이나 재활 계획 등을 검토하여 케어의 질 향상으로 이어지는 PDCA 사이클 활용 프로세스

---

2   월간시니어비지니스마켓 2021년 4월호 68쪽.

를 평가하는 가산 항목이다. 이 가산 항목의 산정을 위한 양식은 상당히 상세한 기록이 요구된다.

향후 의료의 DPC[3] 데이터 베이스와의 연계도 진행될 예정으로 의료, 개호를 제공하는 시설, 사업소가 평가될 수 있는 구조가 될 것이다. 또한, LIFE 데이터베이스에 의한 근거(evidence)가 확립되는 메리트도 크다. 지금까지는 전국 표준의 근거(evidence)가 없었기 때문에 자신들이 제공하는 개호 서비스의 평가가 주관적이며, 비교 대상이 부족했다. LIFE가 원활히 사용되면 많은 비교 대상이 생기고, 그에 따라 개호 서비스의 평가 표준화가 추진될 것으로 기대된다. 이용자, 가족도 좋은 서비스를 제공하는 시설과 사업소를 선택할 수 있게 되어 표준에 도달하지 못하는 서비스를 제공하는 시설과 사업소는 도태될 것으로 보인다.

경영이 중요한 시대

LIFE의 도입에 시설 측은 많은 설비 투자가 필요하다. 소프트의 구매 비용과 WiFi 환경의 정비, 태블릿 등 필요 기재를 확보해야 하기 때문이다. 기존에 사용하고 있는 소프트가 LIFE에 대응할 수 있는지를 확인한다. 그 위에 도입 비용의 견적도 필요하다.

지역의료개호종합기금을 활용한 ICT의 도입 지원보조금 등을 이용하여 최대 260만 엔의 견적을 받고 공공기관의 창구에서 보조금의 확인과 절차를 확인한다.

---

3 DPC(Diagnosis Procedure Combination)는 일종의 포괄수가제도임.

돌봄시스템을 통한 과학적 개호 실천 사례 ─────

　시스템 연계에 의한 플랫폼 구축과 돌봄 센서를 조합해 과학적 개호를 실천한 사례로 3가지 시스템을 연결하여 케어의 질을 높여 선순환 구조를 만들었다. 이때, 이용자 개개인의 심신의 상태와 지금까지의 생활환경 등의 백그라운드 관리, 어세스먼트 정보에 근거한 케어플랜 작성, 플랜에 따른 개호서비스의 제공, 개호의 정확한 기록, 재어세스먼트에 의한 케어플랜의 재검토 등 일련의 사이클을 계속적으로 하는 것이 중요하다.

　요개호 고령자의 증가와 개호 인력의 부족에 의해 심각한 '수급 차이'가 현저해진 가운데 그 차이를 메꾸기 위한 수단으로 ICT, 디지털 기술의 활용을 추진하고 있어, 이미 언급한 사이클에 과학기술을 활용한 맞춤형 케어의 실현은 업무효율 향상으로 이어져 현장 직원의 부담을 경감하고, 케어의 질 향상이라는 선순환이 가능해질 것이다.

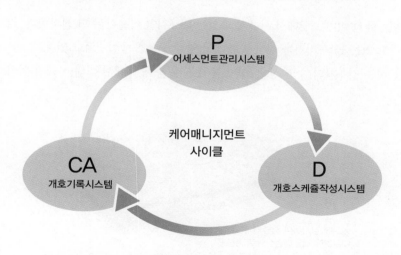

케어매니지먼트 사이클 이미지[4]

───────────────

4　月刊 SENIOR BUSINESS MARKET 2020년 7월호 44쪽.

각 시스템을 연계하면, 개호 스케줄 시스템에 공유되기 때문에 각각의 시스템으로 수시 입력할 필요가 없으며, 오류도 또한 줄어든다.

① 어세스먼트 관리시스템

이용자의 기본 데이터의 관리와 케어플랜을 작성할 수 있다. 경고 기능은 케어플랜 작성 누락을 막을 수 있다.

② 개호 스케줄 작성시스템

어세스먼트 관리 시스템에서 작성된 케어플랜에서 개호 스케줄을 작성할 수 있다. 이용자, 각 스탭 등 업무의 가시화를 유도함으로 업무의 효율화와 품질 향상이 가능해진다.

③ 개호기록시스템

개호 스케줄 작성 시스템과의 연계로 작성된 개호 스케줄을 기록한다. 수작업, 옮겨 적기 등의 일이 불필요하게 되어 기록 용지를 보관하는 장소나 보존 비용의 삭감이 가능하다.

수면 센서 기술

개호 현장에서 이미 도입해서 사용하고 있는 대표적인 기술이 '수면 센서'이다. 각 시설에서 사용하고 있는 돌봄 기기는 센서 종류에서 영상 종류까지 발전하고 있다.

수면 센서는 입주자의 수면 상태, 심박수, 호흡수 등에 대해서 침대 아래에 설치해 놓은

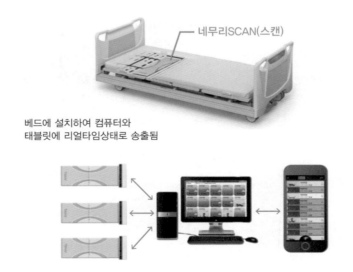

네무리SCAN(스캔)

베드에 설치하여 컴퓨터와
태블릿에 리얼타임상태로 송출됨

센서를 통해 실시간으로 측정된다. 기존에는 직원이 야간 순환을 돌면서 입주자의 프라이버시와 수면에 방해되지 않는 시간, 무엇보다 일과 시간보다 적은 인원으로 전 입주자를 돌봐야 하는 야근 직원의 업무 부담이 컸다.

치매 노인을 돌보고 있는 몇몇 가족은 방 안에서 영상(카메라)으로 확실히 관리하면 좋겠다는 요청도 있지만, 프라이버시 침해의 이유로 거부감을 표현하는 가족도 있다.

케어매니지먼트 사이클과 수면센서를 통한 과학적 개호 실천[5]

① 과학적 근거에 기반한 개호 서비스의 확립

빅데이터로 이용자의 생활상태 변화의 징후를 가시화하고, 최적의 개호 계획과 QOL 향상 등에 도움이 된다.

② 개호서비스 품질의 가시화와 품질 향상

①로 얻은 성과를 가시화, 수치화하고 개호 품질로 확립시킨다.

③ 최신 디지털 기술을 활용한 현장 사원의 업무 부하 경감

수작업으로 기록된 각종 서류와 데이터를 IoT 디바이스 등의 도입으로 자동화한다. 또한, ①, ②로 가시화된 정보를 베이스로 업무 개선의 의사결정을 신속하고 정확하게 실행할 수 있게 된다.

④ 치매 케어에 관한 데이터 수집 및 분석

모든 생활 장면에서 얻을 수 있는 치매 케어에 관한 데이터를 수집하고, 분석하여 치매 케어와 예방에 관한 추진으로 연결시킨다. 데이터를 한 번에 관통하는 분석과 활용으로 사업소마다 개호 서비스 품질을 '가시화'할 수 있다. 무엇보다도 실제 케어플랜이나 개호, 재활, 식사 등의 결과 요개호도와 인지 증상 등이 어떻게 변화되었는지를 수만 명 단위로 빅데이터화 함으로써 건강 상태의 변화를 파악하고 사고 예측이 가능해진다.

사회복지법인 신애보은회

도쿄도 키요세(清瀬)시, 아라카와(荒川)구에서 의료·개호·복지 사업을 폭넓게 하고 있는

---

5   月刊 SENIOR BUSINESS MARKET 2020년 7월호 46쪽.

도쿄도 소재 사회복지법인 신애보은회(信愛報恩會)에서는 규모가 커서 초기부터 돌봄 시스템의 도입을 희망했다.[6]

초기에는 도입 비용 문제나 시스템화하는 현장이라는 과제가 있었으나 담당자가 끈기 있게 현장을 조정하고, 돌봄시스템의 도입 목적을 이용자의 수면 파악, 기상 대응, 넘어짐 방지, 기저귀 교환, 종말기 케어, 일사병 대응 등 현장 관리에 대한 정리를 한 것과 도쿄도의 보조금을 활용했다는 점이 적절히 조화를 이루어 돌봄 시스템 도입이 가능했다.

신애보은회는 Wi-Fi 등 통신 인프라를 통해 고객의 상황을 살펴보면서 시스템 관리와 시큐리티 시스템에도 만전을 기하며, 저비용으로 원스톱 네트워크 환경 구축을 실현했다.

---

6   신애보은회 홈페이지(https://shin-ai.or.jp/honbu/project/)

노쇠 예방 비즈니스

노쇠와 노쇠 예방 ————————————————

노쇠

노쇠(Frailty)는 노인성 질환보다 노화로 인한 기능 저하에 초점을 둔 개념으로, 생리적인 예비 능력이 감소하여 외부 자극에 대한 반응이 저하됨으로써 항상성유지 능력이 떨어지고, 여러 질환에 걸릴 위험이 커지며, 기능 의존이나 입원의 가능성이 증가한 상태를 말한다.

일본 노년학회에서는 고령기에 나타나는 허약 상태를 노쇠로 정의하였고, 노쇠의 특징에 대해 다음과 같이 정리하였다.[1]

- 건강(자립)한 상태에서 요개호(요양이 필요한 상태)로 이동하는 중간 상태
- 다면적인 요소에 의한 부(負)의 연쇄, 즉 신체, 마음, 인지, 사회성 등의 허약과 같이 다양한 측면에서 약해짐
- 상황에 맞는 적절한 개입으로 다양한 상태를 돌릴 가능성이 있는 시기

동경대학 고령사회종합연구기구. 이이지마카쯔야, 후생노동과학연구비보조금(장수과학종합연구사업) 노쇠·사루코페니아모델 등 고령자 식생활지원과 포괄적 개호예방프로그램 고찰을 목적으로 한 조사연구(2014)

————————————

1　月刊 SENIOR BUSINESS MARKET 2021년 4월호 48쪽.

노쇠는 허약도에 따라 건강, 전 노쇠, 노쇠, 신체 기능장애(요개호)의 단계가 있다. 노쇠는 요개호 상태에 이르기 전 단계로서 신체적 측면과 아울러 정신적, 심리적 허약 등의 자립 장애나 사망을 포함하는 건강 장애가 발생하기 쉬워 위험이 높은 상태이다. 사람은 나이가 들면서 심신의 기능이 쇠퇴하고 생활 활동에 대한 자립도가 떨어져 결과적으로는 요양이 필요한 상태가 되는데, 이러한 상태를 노쇠라고 본다.

노년기에 대한 새로운 패러다임의 전환이 요구되는 현대사회에서 100세 시대에 건강수명 연장은 주요 이슈이며, 전문가와 행정가는 물론 전 국민이 노쇠에 대한 바른 이해와 그에 부응하는 대책 마련이 요구되는 상황이다.

노쇠의 판단기준

노쇠를 판단하는 기준이 다양하지만, 주된 두 가지 판단기준은 다음과 같다.

첫 번째는 Fried가 제안한 노쇠 진단기준[2]을 바탕으로 국민건강영양조사 자료를 활용하여 수정된 평가 기준으로 다음의 5가지 항목 중 3개 이상에 해당하면 노쇠군(Frailty)으로 본다.

- 의도치 않은 체중 감소 (1년간 체중 감소량이 ≥ 3kg인 경우)
- 근력 약화 (악력이 남성 〈 26kg, 여성 〈 18kg인 경우)
- 느린 보행 속도 (Euro Quality of life 5-Dimensions의 운동능력 문항 중 '걷는 데 다소 지장이 있음'과 '종일 누워 있어야 함'에 하나라도 응답한 경우)
- 탈진 (평소 스트레스 인지 정도에 '대단히 많이 느낀다'에 응답한 경우)
- 낮은 신체활동 (평소 일주일에 중강도 신체활동 2시간 미만일 경우, 또는 고강도 신체활동 1시간 미만일 경우)

두 번째는 한국의 대한노인병학회에서 제시하고 있는 것으로 다음의 8가지 항목에 대한 점수가 2.5점 이상이면 전 노쇠, 4.5점 이상이면 노쇠로 판단한다.

---

2 Fried LP, Tangen CM, Walston J, Newman AB, Hirsch C, Gottdiener J, et al. Frailty in older adults: evidence for a phenotype. J Gerontol A Biol Sci Med Sci 2001;56(3):M146-M156.

■ **노쇠 판단 체크리스트**

항목	0점	1점
최근 1년간 병원에 입원한 횟수는?	없음	1회 이상
현재 본인의 건강이 어떻다고 생각합니까?	좋음	나쁨
정기적으로 4가지 이상의 약을 계속 드십니까?	아니오	예
최근 1년간 옷이 헐렁할 정도로 체중이 감소했습니까?	아니오	예
최근 한 달 동안 우울하거나 슬퍼진 적이 있습니까?	아니오	가끔 이상
최근 한 달 동안 대소변이 저절로 나올 때(지릴 때)가 있었습니까?	아니오	가끔 이상
Timed Up & Go test[3]	10초 이하	10초 이상
일상생활 중에 소리가 잘 들리지 않거나 눈이 잘 보이지 않아서 문제가 생긴 적이 있습니까?	정상	이상

노쇠 예방

2019년 3월 'KBS 생로병사의 비밀'[4]에서 '노화(Aging)는 피할 수 없지만, 노쇠(Frailty)는 막을 수 있다. 노쇠를 예방하는 방법'이라는 방송(2019.3)이 있었다. 노쇠는 성별, 나이, 교육 및 소득수준 등의 사회경제적 요인, 음주, 흡연 등의 생활 습관, 심리적 요인 등에 영향을 받는다.

또한, 노쇠로 인해 보행장애, 골절로 이어지는 낙상이나 치매 등의 발생 확률이 높아지고, 건강한 노인에 비해 사망 시기도 앞당겨진다는 연구 결과도 존재한다. 특히, 여성 노인(21.9%)의 경우 남성 노인(9.7%)보다 노쇠 보유율이 두 배 이상 높다는 점에 주목할 필요가 있다.[5] 가능한 한 노쇠를 예방하고 건강한 삶을 유지할 수 있는 노력이 중요하다.

---

3 보행, 균형, 운동능력, 낙상 위험도 등을 예측하기 위해 많이 쓰이는 검사이며, 의자에서 일어나 3m를 걸어 반환점을 돈 후, 다시 돌아오는 간단한 검사.

4 2019년 3월 'KBS 생로병사의 비밀' (https://health.chosun.com/site/data/html_dir/2022/01/04/2022010400764.html)

5 양수현, 장원, & 김양하. (2021). 한국 노인의 식사 섭취와 노쇠와의 연관성 연구: 2018년 국민건강영양조사 자료를 이용하여. Journal of Nutrition and Health, 54(6), 631-643.

헬스케어 랩

헬스케어 랩

고령자의 건강증진과 기업의 산업창조라는 두 가지를 동시에 해결할 수 있는 메커니즘이다. 그 기저에는 사회보장비의 억제와 건강수명의 연장을 추진하려는 의도가 담겨 있다. 그 실현을 위해서 헬스케어 랩(Health care lab)은 막대한 세금을 사용하는 것이 아니라 민간기업의 솔루션과 지역주민이 주체가 되어 활동하는 것을 지향한다.

헬스케어 랩 민간주도형 vs 지자체 주도형 타입의 차이

① 민간주도형

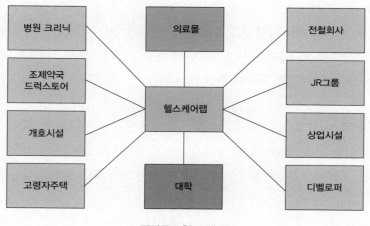

민간주도형 모델 예

헬스케어 랩에는 두 가지 종류가 있다. 한 가지는 민간주도형으로 유통 스페이스 보유 기업이 지역개방을 하여 간접적으로 자사의 상품이나 서비스의 인지도를 높이는 모델이다. 그림(민간주도형 헬스케어랩의 주요 플레이어)[6]과 같이 다양한 플레이어가 있다.

---

6 月刊 SENIOR BUSINESS MARKET 2020년 6월호 46쪽.

세분화하면, '공헌형'과 '판촉형'이 있고, 대부분의 민간기업은 판촉형이다. 이들은 자사가 비용을 부담해서 실시하기 때문에 지역의 건강증진에 도움이 되는 컨텐츠를 체험할 수 있는 장소와 시간을 준비하여 내점 및 판매를 촉진한다. 이 활동은 계속적으로 실시할 필요가 있으므로 후생노동성이 정의하는 'commute(통소)의 장'으로서 자사의 점포를 활용하면서 지역 고령자가 일상적으로 다니면서 돈을 벌 수 있다.

② 지자체주도형

지자체가 스스로 기존의 활동에 민간기업의 솔루션을 채용하거나, 새로운 민간 연계형 강좌나 장소를 개설하는 모델이다. 대부분의 지자체가 추진하는 모델이지만, 지역 안에서 중점적으로 도움이 필요한 지역 내의 민간 컨텐츠 활동이다. 이미 커뮤니티가 형성되어 있거나 일정의 참가자 인원이 담보 가능한 시설 등에서 시험적 도입이라는 형태이지만, 다른 지역으로 확대되어 개개의 솔루션을 넓게 운영해나가는 케이스가 많다. 우선은 모델 시설을 1개소 만들어, 지역기업이나 기존의 관계자 등도 포함한 공동 개최를 요구하는 경우도 많다. 열정이 있는 지자체에서는 지역 과제의 해결을 가능하게 하는 솔루션 보유 기업에 대해서 스스로 정보 수집을 하고 유치하는 등 적극적으로 시행하고 있으나, 향후 이러한 자세는 정착될 것이다.

더 나아가 ①, ② 모델도 융합될 것이다. 지역 고령자는 얼마나 즐겁게 자신의 건강으로 연결할 수 있을지를 고려하여 활동을 선택하기 때문에 지자체와 민간기업은 지역 니즈를 충족시켜 주민에게 선택받는 활동이 한층 더 요구된다.

헬스케어 랩 컨텐츠

헬스케어 랩도 'commute(통소)의 장'과 같이 주 1회, 2강좌 정도로 개최된다. 사람들이 많이 모이는 체조 계통의 강좌를 실시한 후에, 이어서 기업 등의 강좌를 실시하는 모델이 가장 많다.

가장 인기가 많은 강좌는 운동계(47%)이며, 건강세미나(18%)와 수공예·취미(17%) 순서로 나타났다. commute(통소)의 장소는 반경 1km 이내를 중심으로 약 1만 5천 세대를 대상으로 확보하는 경우가 주를 이룬다.

65세 이상 대상 세대를 30%로 계산하면 4,500세대가 대상이 된다. 참가자는 65세~75세가 중심으로 남녀 비율은 약 2:8로 압도적으로 여성이 많은 것이 특징이다. 역으로 말하면 거의 모든 지자체에서 남성 참가자의 모집이 과제라고 할 수 있다.

또한, 헬스케어 랩에서 반드시 실시하는 것이 체력 측정, 구강 기능 측정, 인지기능 측정, 영양 섭취 조사 등이다. 3개월에서 6개월에 한 번씩 참가자 개인의 변화와 참가자 전체의 변화 등의 데이터를 파악하여 보관한다.

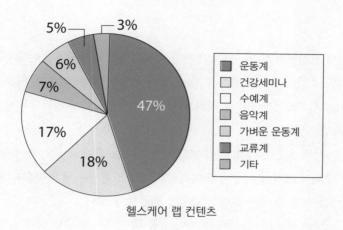

헬스케어 랩 컨텐츠

노쇠 예방 시장의 확대, 헬스케어 랩의 활용 ─────

후생노동성의 시점에서 보면, 사회보장비를 억제하면서 건강수명의 연장, 지역주민 주체의 commute(통소) 장소 확보와 참가율 향상, 노쇠 예방의 계몽, 의료 및 개호 사업자와 지역포괄지원센터, 사회복지협의회 등 지자체와의 지역연계와 같이 지역사회 내에 있는 자원을 최대한 활용할 수 있다.

경제산업성에서는 2025년까지 33조 엔의 시장 확립을 목표로 헬스케어 산업의 거점으로, 지역마다 세분된 스팟이 가능함에 따라 지역중소기업이나 벤처기업에 대해서 자사의 상품 및 서비스를 개발, 연구, 홍보하는 필드를 제공할 수 있다.

또한, 거점을 전국 규모로 네트워크화하여 상품 및 서비스의 확대 판매로 이어가거나 전국에 있는 헬스케어협의회와 연동하는 등 산업 지원에 활용할 수 있다. 또한, 기술혁신으로 대기업과 지역기업과의 연계와 벤처기업과 지자체와의 연계 등을 촉진시킬 수도 있다. 특히, 헬스케어 계통의 벤처 등은 의료, 개호 분야에의 참여도 많다.

의료분야에서는 온라인 진료와 대기업 제약회사와의 연계, 개호분야에서는 인력 부족에 따른 생산성 향상을 목적으로 IoT나 AI, 로봇의 개발과 재택에서의 돌봄, 재활, 이동 지원 등을 보험 외 서비스가 주류를 이루고 있다. 이런 이유로 노쇠 예방 시장이 활성화되고 있어 후생노동성의 노쇠 체크표의 개정이나 고령자의 단백질 섭취량 기준변경(50g→69g 이상) 등에 의해 운동, 영양, 사회참가 등을 주제로 참여하는 기업도 확대되고 있다.

이와 같이 후생노동성과 경제산업성은 메리트가 큰 헬스케어 랩에 주목하여, 많은 지자체가 설치하기 시작했다.

헬스케어 랩의 개요 및 효과

헬스케어 랩을 시장 진입, 확대의 수단으로 활용하는 기업도 늘고 있다. 큰 장점은 판매 대상이 되는 고령자의 의견을 들을 수 있다는 큰 장점 때문에 랩을 통해서 정량, 정성 조사와 그룹 인터뷰, 고령자용 세미나 등을 실시하고 있다. 이를 바탕으로 한 헬스케어 컨텐츠는 전국의 지자체와 유통을 위해 활용하는 등 직·간접적으로 자사의 상품 서비스와의 접점을 만들게 된다.

또한, 지자체에서는 지역주민을 대상으로 기업의 상품이나 서비스를 활용하여 그 효과와 실적을 취득하고, 모니터링 조사도 시행하고 있다.

헬스케어 랩의 4가지 플레이어와 메리트

헬스케어 랩의 주요 사업자는 다음의 그림과 같이 4개의 이해관계자로 구성된다.[7]

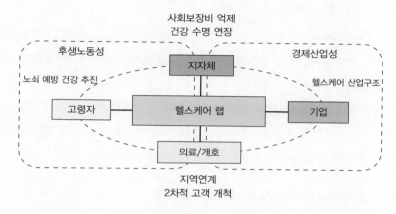

헬스케어 랩의 주요 사업자와 메리트

① 지자체 측의 메리트

헬스케어 랩은 지자체 입장에서 큰 장점이 있다. 지자체의 제한적인 자원으로 정보 수집에서 수배까지 실시했던 컨텐츠 만들기가 민간 측에서 제공됨으로써 노력이 많이 줄었기 때문이다. 민간에 의해 본격적인 연구와 조사 결과를 기반으로 한 책자나 영상, 프레젠테이션의 내용, 상품 등을 완성도 높은 내용으로 받을 수 있다. 나아가 민간기업은 고객 만족을 위한 연출력 등에도 활용하고 있어, 참여자의 지속적인 행동 변화를 촉진하는 요소도 추가되고 있다.

이러한 장점으로부터 지자체는 이 분야에 있어 민간기업의 활용을 가속화하고 있다. 단, 지자체도 무엇이든 수용하는 것이 아니라 일정의 기준을 만들어 리스크를 관리하고 위험분산(hedge)을 한다.

② 기업 측의 메리트

기업 입장에서는 지자체와 신뢰하여 지역 고령자의 건강증진으로 이어지는 활동을

7 月刊 SENIOR BUSINESS MARKET 2020년 6월호 44쪽.

한다는 장점이 있다. 간접적으로 자사의 상품이나 서비스를 소개하여 판촉으로 연결하는 것은 물론이지만, 상품과 서비스를 시험적으로 제공할 수 있는 것도 장점이다. 또는 지자체와 같이 일정 기간 실험해봄으로써 효과의 실적을 얻을 수 있기도 하다. 이 경우, '물건'을 전면에 내세우는 것이 아니라 '경험'을 전면에 내세워, 사회적 과제와 지역 과제 해결로 이어지는 컨텐츠라는 것을 명확하게 하는 것이 중요하다.

③ 지역 고령자 측의 메리트

지역 고령자는 지자체라고 하는 신뢰의 모체를 매개로 하여 소개받은 기업의 상품이나 서비스를 포함한 건강증진으로 이어지는 강좌를 수강하여 도움을 받고, 즐겁게 체험할 수 있는 프로그램으로 받아들이고 있다.

지자체 단독으로 진행하는 각종 강좌는 참가자가 늘어나지 않는 현실에 당면할 수밖에 없다. 또한, 기업의 사원 등에 의한 열정적인 강좌에 감명받거나, 회사와 상품에 대해 자신들의 의견을 말하는 등 사회참가도 경험하고, 이는 만족감으로 이어지기도 한다.

확대하는 조제약국, 드럭스토어 내 개설 움직임

의료, 개호 사업자에 의한 헬스케어 랩 개설도 증가하고 있다. 국가가 정하는 보수 점수에서 수익이 해결되고. 지역사회 안에서 사업을 계속할 필요가 있는 업계이기 때문에 얼마나 지역주민과 고령자와의 관계를 구축해 두었는지가 포인트가 된다. 의료법인이나 사회복지법인은 지역 공헌적 요소도 포함하여 시설을 지역에 개방하고, 랩으로서 건강강좌 등을 개설하고 있다. 한편, 지역 노년층과의 관계성을 구축하여 주민의 니즈를 흡수하고 보험 외 서비스의 모색, 2차적 고용 등도 가능하게 된다.

또 다른 차원에서는 민간의 시설 운영회사와 지역에의 개방을 통해서 입주나 이용을 촉진하고, 입주자와 가족의 만족으로 이어지는 활동으로서 랩을 취급하고 있다. 생활 시설뿐만 아니라, 시설의 운영회사도 휴일에 시설을 지역에 개방하고 간접적인 고객 개발과 노쇠 예방 계몽을 실시하고 있다. 특히 최근에 많은 것이 조제약국이나 드럭스토어 점포의 개설이다. 조제약국은 '지정 약국'으로서 지역에서 인지도가 있으면서 지정 약사로 지명되는 활동이 요구되고 있다. 그곳에서 '건강강좌'를 개최하고, 스스로 점포를 지명해서 이용할 수 있도록 헬스케어 랩화를 목표로 움직이고 있다. 민간기업과의 거래도 많고, 약사와 관리영양사도 상근하고 있는 제조약국은 앞으로 헬스케어 랩의 주요 거점 중 하나가 될 것으로 보인다.

보험 외 서비스 시장

보험 외 서비스 시장의 키워드

보험 외 서비스 시장에 '억제'와 '장수' 두 가지 키워드가 대두되고 있다. 억제는 공적 보험의 억제, 장수는 인생 100세 시대의 도래를 의미하며, 두 가지 과제는 보험 외 비즈니스 시장을 주도할 것이다.

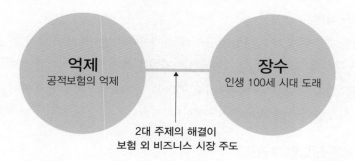

사회보장비의 억제

2040년을 대비하며 국가는 향후의 사회보장제도의 방향성에 대해서 자주 언급하고 있다. 연금, 의료, 개호 외의 사회보장비의 총액이 190조 엔을 넘고, 가장 증가율이 높은 것이 개호비용이다. 2018년의 10.7조 엔이 2040년에는 25.8조 엔이 되고, 같은 기간의 사회보장비 전체 증가율 157%에 대해서 개호비용은 241%에 달할 것으로 예측된다.

고령자의 인구 증가는 피할 수 없으며, 재무성 측에서는 증대하는 사회보장비를 어떻게 억제할 것인지 등 다양한 비용 절감의 지침을 모색하고 있다.

보험 외 서비스의 니즈 조사

다음의 표는 '자신이 익숙하게 살고 있는 지역, 자택에서 혼자 생활하는 데는 어떤 서비스가 있다면 좋을까?'라는 질문의 응답 결과이다.

의료, 개호, 건강	생활 주변, 예방, 준비	일상생활	금전, 자산 절차
의료, 치료, 병원 관련, 개호시설, 방문서비스, 입·퇴원 준비, 이동지원, 방문계 의료개호 서비스, 식사지원, 배식, 외식지원, 쇼핑 동행, 대행, 약처방 관리, 지도, 건강, 영양 지도, 상담, 행정 처리, 서류 신청, 기호사업자, 장애 복지정보, 재택, 행정 서비스 정보	일, 가족, 친구, 근린 동료, 즐거움, 외출, 취미, 회화, 운동, 산책, 치매 예방, 지역 정보, 행사, commute(통소), 여행, 안심, 돌봄, 안부 연락, 팻 돌봄,	쇼핑 지원, 대행, 구매, 식사 지원, 배식, 대행, 목욕, 배설, 영양 상담, 청소, 쓰레기 배출, 옷 갈아입기, 가구 이동, 처리, 가전 수리, 상담, 구입	금전 관리, 은행 출입, 통장정리, 자산관리, 상속, 유언, 보험 관계 절차, 토지, 주택 관계

보험 적용이 가능한 서비스는 전체 30% 정도(의료, 개호, 건강)이며, 나머지 70%는 보험 외 서비스에 해당한다. 즉, 지역포괄케어시스템의 구축을 위해서도 보험 외 서비스를 포함하여 정비해야 한다.

이러한 상황에서 현재 개호 사업을 운영하는 개인이나 법인으로서 보험 외 서비스를 생각하고 있는 경우를 포함하여 각 지역에서 어떠한 니즈가 있고, 어떠한 서비스가 부족한지를 파악하고, 4대 자원(인적자원, 물적자원, 공간적자원, 정보적 자원)을 활용하여 무엇이 가능할지 우선순위가 높은 것을 정비해나가야 한다.

보험 외 서비스 도입 포인트

혼합 개호 시대를 위한 보험 외 서비스의 구상 방법으로는 지역 니즈의 체계화, 4대 자원(인적자원, 물적자원, 공간적 자원, 정보적 자원)의 체계화, 실시 가능 영역의 선정이 있다.

새로운 '노쇠 예방 시장'의 취급 방법

5개 카테고리와 3가지 분류를 기준으로 시장을 맵핑할 수 있다. 이때 4대 자원을 적절히 활용할 때 노쇠 예방 시장에서 제대로 된 자리매김이 가능할 것이다.

① 5카테고리 × 3 분류로 시장을 맵핑

- 5카테고리: 운동, 영양, 구강, 인지, 사회참여
- 3분류: 측정 계몽, 개선 실시, 관리 운영

5카테고리에는 운동, 영양, 구강, 인지, 사회참여가 있고 3분류에는 측정 계몽, 개선 실시, 관리 운영이 있으며 이를 맵핑하고 이에 4대 자원으로서 인적, 물적, 공간적, 정보적 자원을 함께 고려한다.

노쇠 카테고리

	운동	영양	구강	치매	사회참가
계몽측정	①	④	⑦	⑩	⑬
개선실시	②	⑤	⑧	⑪	⑭
관리운영	③	⑥	⑨	⑫	⑮

✕

4가지 자원

인적자원 · 물적자원 · 공간적자원 · 정보적자원

② 10유형에의 대응

> 건강 상태, 마음의 건강 상태, 식습관, 구강 기능, 체중 변화, 운동·넘어짐,
> 인지기능, 흡연, 사회참여, 소셜 서포트

2020년부터 개정된 내용으로 사용하고 있는 건강검진 문진표는 다음의 10유형으로 구성되어 있다. 이 유형에 대해서 각 개인에게 구체적으로 무엇을 제공할 수 있을지를 생각해야 한다. 아이디어를 내고, 기존의 인프라와 자원을 활용해서 가능한 것을 시행하고 이후 다른 연계 가능한 기업 등의 집단이 참여하지 않고 있는 영역을 찾아 검증해 나가야 한다.

③ 민관 연계에 의한 개발

노쇠 예방 시장에서의 상품 개발에 있어서는 사용자와 참가자의 의사를 파악하여 지자체라는 안심을 담보하는 존재와 연동 가능한 구조를 만드는 것이 중요하다. 또한, 모든 고령자가 익숙한 마을에서 자신답게 생활해나갈 수 있는 지역포괄케어시스템의 구축과 자립을 지원하는 노쇠 예방이 중요하다.

보험 외 서비스로서 확대되는 "노쇠 예방 비즈니스"

후생노동성은 75세 이상의 고령자를 대상으로 시행하는 건강검진문진표를 노쇠 등 고령자의 특성을 반영한 건강 상태를 종합적으로 파악할 수 있는 내용으로 재검토하여 활용

하기 시작했다.[8] 이 문항 표 개정에서는 고령자의 부담도 고려하여 다음과 같이 10종류, 15 문항으로 정리하였다.

■ 건강검진문진표

유형명	문항	회답	비고
건강 상태	당신의 현재 건강상태는 어떻습니까?	① 좋음 ② 조금 좋음 ③ 조금 좋지 않음 ④ 좋지 않음	주관적 건강관의 파악을 목적으로 국민생활기본조사의 질문을 채용
마음의 건강 상태	매일의 생활에 만족하고 있습니까?	① 만족 ② 조금 만족 ③ 조금 불만족 ④ 불만족	마음의 건강상태 파악을 목적으로 GDS(노년기우울 평가척도)의 일부를 참고하여 설정
식습관	1일 3식 제대로 먹고 있습니까?	① 네 ② 아니오	식사습관의 상태 파악을 목적으로 항목 설정
구강 기능	6개월 전과 비교하여 딱딱한 것을 먹기 어려워졌습니까?	① 네 ② 아니오	구강 기능의 상태 파악을 목적으로 기본 체크리스트의 질문을 채용
	물이나 국 등도 쉽게 사레 걸리십니까?	① 네 ② 아니오	구강기능(연하)의 상태파악을 목적으로 기본 체크리스트의 질문을 채용
체중 변화	6개월간 2~3kg 이상 체중 감소가 있습니까?	① 네 ② 아니오	저영양상태의 위험성을 파악을 목적으로 기본 체크리스트의 질문을 채용
운동, 넘어짐	이전과 비교하여 걷는 속도가 늦어졌다고 생각하십니까?	① 네 ② 아니오	운동기능의 상태파악을 목적으로 간이 노쇠 인덱스의 질문을 채용
	최근 1년간 넘어진 적이 있습니까?	① 네 ② 아니오	전도 리스크의 파악을 목적으로 기본 체크리스트의 질문을 채용
	걷기 등의 운동을 주 1회 이상 하고 있습니까?	① 네 ② 아니오	운동습관의 파악을 목적으로 간이 노쇠 인덱스의 질문을 채용
인지 기능	주변 사람들로부터 '언제나 같은 것을 묻는다' 등의 건망증이 있다는 말을 듣습니까?	① 네 ② 아니오	인지기능의 저하의 위험성 파악을 목적으로 기본 체크리스트 질문을 채용
	오늘이 몇 월 며칠인지 모르는 때가 있습니까?	① 네 ② 아니오	

---

8   月刊 SENIOR BUSINESS MARKET 2020년 4월호 56쪽.

흡연	당신은 담배를 피우십니까?	① 피우고 있음 ② 피우지 않음 ③ 금연	흡연 습관의 파악을 목적으로 국민 생활기초조사의 질문을 채용하고, 금연 이유에 대해서 어세스먼트로 이어가기 위해 '금연' 선택지 추가
사회 참여	주1회 이상은 외출을 하고 있습니까?	① 네 ② 아니오	토지코모리의 위험성 파악을 목적으로 기본체크리스트의 질문을 채용
	평소에 가족이나 친구와 교제가 있습니까?	① 네 ② 아니오	타인과의 교류(사회참여) 파악을 목적으로 기본체크리스트의 질문을 고려하여 설정
소셜 서포트	몸 상태가 나쁠 때에는 가까이에 상담 가능한 사람이 있습니까?	① 네 ② 아니오	가까운 상담 상대의 유무 파악을 목적으로 항목을 설정

이렇듯 커다란 변화에 대해서 의료, 개호사업자와 민간기업은 이를 기회로 여겨 다양한 상품과 서비스, 시설 등을 개발 및 제공하고 있다. 또한, 지자체들도 민간기업의 해결책이나 오픈이노베이션에 의한 대기업과 헬스케어벤쳐의 연동형 솔루션의 채용 등을 한 번에 가속화하는 등, 지역 고령자의 건강수명 연장을 각 사업자들이 힘을 모아서 제공하는 모델이 주류화되고 있다.

commute(통소) 서비스

commute(통소)의 장소 —————————————

'commute(통소)의 장소'의 의미

앞으로의 개호 예방은 '심신 기능', '활동', '참가' 3가지 요소의 균형을 맞추어 추진하는 것이 중요하다. 이를 위해 지역포괄케어시스템 구축을 위한 시책으로 베이비붐 세대가 2025년에 75세 이상이 되는 시기를 즈음하여 중중 요개호 상태가 되어도 익숙한 지역에서 인생의 마지막을 살 수 있도록 의료, 개호, 예방, 주거, 생활 지원이 일체적으로 제공되는 구조를 목표로 하고 있다.[1]

활발한 일상생활으로 가정과 사회참가를 촉진하고, 그에 따라 한 사람의 삶의 만족과 자기실현을 통해 QOL 향상을 목적으로 하고 있다. 한편, 지금까지의 개호 예방은 기능회복 훈련에 비중을 두어 개호 예방 종료자를 받아들이는 다양한 장소가 충분하지 못했을 뿐더러, 기능 회복을 중심으로 한 훈련의 중요성을 고려하여 '활동'이나 '참가'를 중시하지 않았다.

이 문제의 해결을 위해서 크게 기대되는 것이 'commute(통소)의 장소'이다. 시정촌이 주민에 대해 동기를 부여하고, 지역주민이 주체가 되는 commute(통소)의 장소는 고령자 자신이 일정 지식을 취득한 뒤에는 지도할 수 있도록 하여 보람을 느끼거나, 배움의 장으로서 매력적인 장소가 된다. 즉, 참가하고 있는 고령자도 지도자로서 commute(통소)의 장의 운영에 참여한다는 새로운 동기부여로도 이어질 수 있다.

시정촌은 적극적인 홍보로 생활기능의 개선 효과를 주민에게 확인시켜 실제 생활기능이 개선된 참가자의 입소문 등에 의해 홍보하는 방법으로, 새로운 주민 주체의 commute(통소)의 장을 만들 수 있다.

commute(통소) 장소 및 commute(통소) 서비스의 3대 과제

commute(통소)는 민관 협력에 의한 헬스케어 커넥트를 추진하고, 노쇠 예방의 지역 거

---

[1] 월간 시니어헬스케어마켓 2020년 5월호 42쪽.

점화와 비즈니스 찬스를 목표로 한다. 최근에는 민간 주도 'commute(통소) 장소'도 증가하고 있어, 지역에서의 신뢰를 얻고 있다. 2025년의 지역포괄케어시스템 구축을 위해서도 중요한 역할을 담당하고 있다.

① 참가율

전국에 commute(통소) 장소는 약 10만 6,000개소가 있으나, 참가율은 평균 5.7%로, 94%는 활동에 참가하지 않고 있다(2018년 말 기준). 참가율을 높이기 위해서 각 지자체는 commute(통소) 장소를 늘리려고 노력하고 있다. 상점가의 빈 점포나 빈집 등 공간적 자원은 지역에 많이 있기 때문에, 민간과 연동해서 유휴 공간을 활용하는 움직임도 있다. 운영 면에서도 무관심층을 위한 메뉴를 고민하거나 이동지원 인센티브 제공 등을 위한 노력을 지속하고 있다.

② 디지털 활용에의 도전

코로나로 사람들이 모이지 않는 환경이 지속되고 있는 가운데 각 지자체는 디지털 기술을 활용하여 다양한 실증 실험을 하고 있다. 컴퓨터나 태블릿, 스마트폰 등 다양한 자원을 활용하고, zoom 등의 실시간 온라인 툴을 사용하여 commute(통소) 장소끼리 연결하고, 같은 장소에서도 방을 분산하여 온라인으로 연결하거나 일부 이용자에게는 자택에서 참가할 수 있도록 하고 있다.

③ 재택 지원

아직 디지털에 익숙치 않은 고령자가 많기 때문에 이용자들이 자택에서 쉽게 노쇠를 예방할 수 있도록 프로그램을 제공할 필요가 있다. 동경의 경우에도 75세 이상 2만 7,000세대를 대상으로 '내 집에서의 시간 응원 팩'으로서 자택에서 가능한 체조용 고무 밴드, 구강 케어, 영양 지도 교재, 초등학생의 편지와 그림엽서 등을 코로나로 아르바이트의 기회를 잃은 대학생을 고용하여 배포하였다. 대상자로부터는 호평을 받았고, commute(통소) 장소에의 첫 참가로도 이어지게 되었다.

4대 자원으로 commute(통소) 장소 검토 ———————

4대 자원의 재개 플랜

　4대 자원에서 새로운 commute(통소) 장소 검토를 바탕으로 민간 비즈니스 기회에 대해 다음과 같이 정리할 수 있다. 첫 번째, 인적자원이다. commute(통소) 장소에 관한 인적자원은 그림²과 같이 관리운영자(많은 경우 지자체 등), 현장 직원, 강좌 강사, 참가자로 구성된다. 이들은 각 입장에서 새로운 생활양식에 맞춘 역할을 담당하게 된다. 운영관리자는 지역에 있어서 commute(통소) 장소를 재개하기 위한 가이드라인을 제시하고 이를 독려한다. 이는 무엇을 위한 commute(통소) 장소인지, 각 지자체에 의한 정의를 다시 한번 생각해 볼 좋은 기회가 된다.

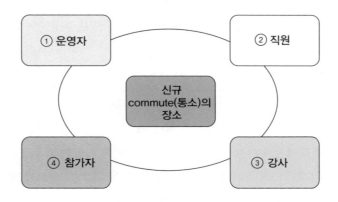

commute(통소) 장소 검토요소 중 인적자원

　두 번째는 현장의 직원들(운영자)이다. 매회 참가자에게 얼마나 안심하고 다닐 수 있고, 노쇠 예방으로 이어지는 강좌를 실시할 것인가에 대한 방안을 모색하여 매회 개선을 도모한다. 또한, 직원 간의 정보 공유도 중요하기 때문에 업무 기술의 평준화를 위해 노력한다.

2　月刊 SENIOR BUSINESS MARKET 2020년 9월호 47쪽.

세 번째는 강사이다. 많은 commute(통소)의 장소에서는 직원이 겸무를 하는 경우가 많으나, 그 강좌만을 위해서 commute(통소)의 장에 오는 이용자들이 있다. 따라서 이러한 강사에게는 사전에 규칙을 전하고 운영 방법을 공유해 둘 필요가 있다. 또한 강사 자신도 강좌를 새로운 생활양식에 맞는 내용으로 구성해야 한다.

네 번째는 참가자이다. 리스크 관리는 운영 측뿐만 아니라 참가자의 시점에서도 다루어져야 한다. 이렇듯 commute(통소)의 장 재개를 인적자원 참여자의 시점에서 생각해 볼 필요가 있으며, 이미 실천한 것도 사회의 정세에 따라 유연하게 변경하는 것도 중요한 포인트이다.

다음은 물적자원으로, 그림[3]과 같이 기존비품, 신규비품, 변경비품, 불필요 비품의 4대 측면에서 생각할 수 있다. 기존 비품에 대해서도 사용 방법을 다시 고려해야 하는데, 공유하면서 사용한 문구나 수예 등에서 사용한 부자재, 체육활동에 사용한 공 등 통상적으로 사용한 것도 최대한 개인 단위로 사용을 끝내고 사용 후에는 반드시 소독을 해서 보관하도록 한다.

신규 비품은 감염예방의 시점에서 페이스 실드나 클리어 파티션, 소독액, 예비 마스크, 체온계 등 건강관리표와 참가 동의서, 긴급연락망 등 서류 면에서도 새로운 비품이 필요해졌다.

변경 비품도 준비가 필요하다. 불필요 비품으로는 직접 입에 접촉하여 사용되는 물품은 관련 프로그램을 중지하게 되었다. 통상적으로 활용해온 노래교실용 마이크 등도 커버가 필요해졌고, 장갑을 사용하거나 터치패널도 직원이 대표로 조작하는 등의 변경도 필요하다.

이렇듯 새로운 생활양식에 맞지 않는 강좌나 메뉴 자체를 삭제하는 것도 필요해졌다. 공간적 자원으로는 기존장소, 분산 장소, 신규장소, 재택의 4가지 공간을 생각할 수 있다. 기존장소에서는 지금까지 활용해 온 장소를 어떻게 재개할 것인가? 당연히 인원 제한이나 시간 제한, 횟수 제한 등을 할 필요도 있다. 또한 환기나 참가자 간의 거리두기도 고려해야 한다. 신규장소는 당연하게 활용했던 장소가 제한된다면, 개최 장소 자체나 요일, 시간 등도 다시 생각해보아야 한다.

재택은 코로나 상황에서 큰 과제가 되는 장소로, 고령자 중에서 스마트폰이나 SNS

---

3 月刊 SENIOR BUSINESS MARKET 2020년 9월호 48쪽.

등을 사용할 수 있는 사람이 적기 때문에, 이 문제를 얼마나 잘 해결해서 온라인으로 commute(통소)의 장에서의 활동을 대행 가능할 것인지를 고민해야 한다.

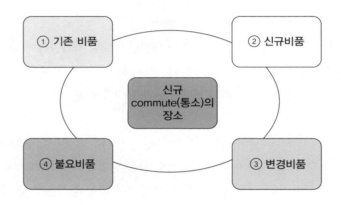

commute(통소) 장소 검토요소 중 물적자원

commute(통소)의 장 재기를 위한 민간기업에의 기대

① commute(통소)의 장(운영자)

commute(통소)의 장 운영자로부터의 의견을 정리하면, 비접촉형 commute(통소)의 장 운영을 위한 시스템이나 재택에서 고령자가 노쇠예방을 실시할 수 있는 툴, 이동 지원, 상품 서비스 제공이나 강좌 내용 제공 등도 요구하고 있다. 또한, 약 6개월간 홈스테이를 한 고령자에 대해서 노쇠 체크와 같은 측정(운동, 구강, 인지, 영양)을 할 수 있는 툴에 대한 요청이 많았다.

② 지자체

지자체로부터의 의견은 commute(통소)의 장 자체의 현상 분석과 영역별 건강상태 분석, 온라인이나 디지털 활용에 의한 정보 발송, 포인트 제도의 경품 제공이나 비대면형 회원 관리 시스템 등의 요청이 많았다.

③ 참가자

참가자로부터는 '자택에서 할 수 있는 건강 대응'이라는 의견이 가장 많았다. 또한, 지금까지 활용하지 않았던 스마트폰이나 태블릿을 매개로 한 안부 확인 등에 관심을 보였다.

commute (통소)의 장 (운영자)	- 새로운 장소의 제공 - 비접촉형 출결 관리 시스템 - 이동지원 - 정보제공, 강좌, 배부자료, 인터넷 - 포인트 경품 제공	→ 기업의 유휴 공간 제공 → 카드 리더기/회원관리 시스템 → 영상, 정보 발송 미디어 → 민간 컨텐츠 제공 → 상품 제공, 샘플링
지자체	- commute(통소)의 장 상황 파악 - 지역별 건강상태 분석 - 회원 관리 시스템 - 고령자용 스마트폰, 인터넷 사용 강좌 - 포인트 경품 제공	→ 업무 위탁, 측정회, 기재, 관리 → 업무 위탁 개선 제안 → 관리 시스템 → 강좌 위탁, 기재 제공, 인력 육성 → 재택 발송, 관리, 쌍방향성 시스템 → 상품 제공, 관리 시스템
참가자	- TV 등으로 영상을 보면서 건강강좌 - 대화 상대 필요, 건강 상담/복약 관리 - 쇼핑 지원 - 이동 지원 - 스마트폰이나 디지털 기기 활용 상담	→ 발송 관리 방법 제공 → 온라인, 매칭 등 → 의료, 개호, 조제 등 연계 시스템 → 점포 연동, 대행 구매, 이동 판매 → 지역 버스, 카 쉐어링, 보조 → 강좌, 렌탈, 대행, 상담

데이케어서비스의 뉴노멀 경영

데이케어서비스의 뉴노멀 경영 ────────

일본에서도 코로나 감염증의 영향으로 인해 2020년 3월 이후 데이케어서비스를 둘러싼 경영 환경이 변화하고 있으며, 감염 방지와 경영 안정화의 양립이 중요한 이슈라고 할 수 있다.[1]

반나절형과 종일형 시설 종류의 차이

코로나 감염 확대 방지를 목적으로 한 일본 정부의 '긴급사태선언'에 의해 국민은 '불요불급'의 외출을 자제하도록 권고받았다. 개호서비스는 불요불급에는 해당하지 않지만, 고령자나 기초 질환을 앓고 있는 사람이 감염되면 중증화되거나, 최악의 경우 죽음에 이를 수 있다. 자택에서 'commute(통소)'를 기본으로 하는 데이케어서비스에서는 2020년 2월 하순 이후부터 '이용 자숙'이 일반화되었고, 이로 인해 경영 환경이 급속하게 악화됐다.

전국개호사업자연맹이 시행한 '코로나 감염증에 관한 경영상황에 대한 긴급 조사[2] 결과에 따르면 경영에 영향을 받고 있다고 응답한 데이케어서비스 사업소가 90% 이상을 차지하고 있는 것을 알 수 있다. 영향을 받을 가능성이 있다는 7.2%, 영향을 받지 않는다는 응답은 2.1%로 코로나가 경영상황에 영향을 미치고 있다는 것을 알 수 있다.

자택에서 1:1 서비스가 기본이 되는 방문개호(47.0%), 건물 내에서 거주하면서 서비스를 받는 유료노인주택(37.5%) 등 다른 개호서비스에 비해 영향을 받는 사업소가 많다.

감염 확대 방지책

코로나 감염증의 감염 확대에 의한 개호 업계를 둘러싼 환경도 변화하고 있다. 그 중에서도 데이케어서비스는 개호 서비스 중 커다란 경영적 영향을 받고 있다. 처음 충격이 온 것은 나고야시(名古屋市)에서 발생한 클러스터에 대한 대책으로서 미도리(綠)구와 중앙(中

---

1   月刊 SENIOR BUSINESS MARKET 2020년 8월호 10쪽-12쪽.
2   일반사단법인 전국개호사업자연맹. '신형코로나 바이러스 감염증에 관한 경영상황에의 영향에 대한 긴급조사' 제2차분 집계 결과. 2020년 5월 6일~12일 조사 중

央)구의 데이케어서비스 사업소 126개소에 대한 휴업 요청이다. 이용자 및 케어매니저에 대한 방침 설명과 조정으로 현장은 곤란을 겪었으며 그 후 북해도에서도 비슷한 상황이 발생했다.

이러한 상황 속에서 정부는 금융지원책으로서 무이자·무담보 융자의 메뉴를 개호사업자를 위해 준비했다. 또한, 후생노동성은 코로나 감염증에 관한 개호서비스 사업소의 인원 기준 등의 임시적인 채용에 대해 발표했다.[3] 그 가운데 인원 기준 요건의 완화가 제시됨과 동시에 이용자에 대해서 방문, 전화 서비스를 제공하는 것으로 데이케어서비스의 보수 산정이 가능한 구조가 준비되었다.

보정 예산에 따른 '코로나 감염증 긴급 포괄지원사업'으로 ① 개호서비스 사업소, 시설 등에 있어서 감염증 대책 지원사업, ② 개호서비스 재개를 위한 지원사업의 두 가지 사업에 있어서 경비가 조성되었고, 사업자들에게 신청을 독려하고 있다.

향후 포인트는 두 가지를 들 수 있다. 첫 번째는 차기 개호보수 개정의 동향으로 2020년 4월 개정은 데이케어서비스 사업자에게 커다란 영향을 미쳤다. 코로나에 의한 경영적 영향을 고려한 개정이 요구됨과 동시에 종전보다 논의가 진행된 자립 지원 추진, commute(통소)의 장소 확충과 같은 논점을 제도에 반영시키려 하고 있다.

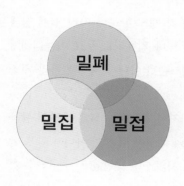

두 번째는 'With 코로나'의 상황에 있어서 감염 확대 방지책을 철저히 하는 것이다. 새로운 생활양식을 참고하여, 데이케어서비스 운영 측면에서도 3밀(밀폐, 밀집, 밀접) 회피를 위해 새로운 운영체계의 확립이 불가결하다. 코로나를 계기로 한 시대의 변화에 적응하면서 온라인과 오프라인, 개호보험과 개호보험 이외의 조합 등 새로운 데이케어서비스 모델을 만들어 나가야 한다.

3 2020년 2월 27일자 발표

데이케어서비스 경영 트렌드 ──────────

온·오프라인 데이케어서비스

코로나 상황에서 개호시설은 리스크를 억제하는 운영을 희망한다. 서비스를 받지 않으면 생활이 어려워지는 노인이 이용하는 경우가 대부분이지만, 예방의 관점에서 서비스를 이용하고 있던 이용자 입장에서는 코로나가 서비스를 재검토하는 계기가 되었다.[4]

사업소 측에서는 이용을 중단할 만한 이용자를 대상으로 검토할 필요가 생겼고, 니즈에 대해 서비스 제공을 보다 구체적으로 현실화해야 하는 계기가 되었다. 또한, 외출이나 집단 프로그램에 참가가 어려워진 상황에서는 얼마나 낮은 비용으로 서비스를 제공할 수 있는가도 중요해졌다.

단시간 이용, 전화에 의한 산정, 방문에 의한 산정이라는 3가지 가산이 가능해졌으나, 가족들은 전화로 듣기만 하면서 개호보험을 부담하는 것에 대한 거부감이 컸다. 이 문제를 해결하기 위해서 '온라인 서비스 제공'을 하면서 간호사가 체크 항목에 따라 실제 혈색을 살피면서 건강 상태를 확인한다. 디바이스는 스마트폰이나 컴퓨터로 무료 어플리케이션을 사용함으로 간단하게 접속할 수 있다. 또한, 건강 체크뿐만 아니라 니즈에 따라 체조 등의 컨텐츠 참가도 가능하다.

물론 온라인 서비스 제공만으로는 불충분하므로, 실제 가서 참석하는 날과 온라인 활용 날을 조합한 '하이브리드형'도 있다. 이것의 메리트는 코로나 대책이 될 뿐만 아니라 향후 발생할 수 있는 지진, 대설, 태풍 등의 천재지변 상황에서도 서비스를 끊임없이 이용할 수 있다는 점이다.

하이브리드형 데이케어서비스

원격 커뮤니케이션은 이전부터 존재했으나, 다른 사람과의 접촉이 제한된 코로나를 계기로 더 주목받게 되었다. 기능도 TV 전화나 채팅뿐만 아니라 자료의 공유나 설문조사 등

───────────────

4 月刊 SENIOR BUSINESS MARKET 2020년 8월호 27쪽.

으로 확대되었고, 무료이용도 가능해졌다. 하이브리드형 데이케어서비스는 다음과 같은 툴을 활용한다.[5]

① 간호사에 의한 건강 상태 체크

전화와 다른 것은 실제 얼굴색과 표정을 보면서 상태를 확인하고, 이용자도 익숙한 직원의 얼굴을 보면서 이야기도 할 수 있는 장점이 있다.

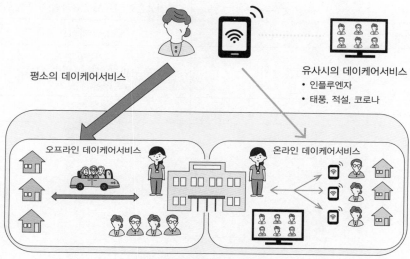

평소의 데이케어서비스

유사시의 데이케어서비스
• 인플루엔자
• 태풍, 적설, 코로나

오프라인 데이케어서비스   온라인 데이케어서비스

하이브리드형 데이케어서비스의 이미지

② 기능훈련사에 의한 개별 기능훈련

케어플랜을 통해 이용자의 니즈에 맞는 컨텐츠를 제공하는 것으로, 단순히 녹화한 것을 보는 데 그치는 것이 아니라 데이케어서비스에서 시행하는 집단 체조나 소집단 체조 등, 실시간으로 체조에 참여할 수 있도록 한다.

③ 상담원에 의한 상담 대응

상담은 필요한 때에 맞추는 것이 가능하며, 아는 직원과 이야기를 나눌 수 있다는 장점이 있다. 때로는 케어매니저 등 복수의 참여자가 연결되어 서비스를 조정하기도 한다. 새롭게 처방된 처방전을 보면서 상담을 하는 것도 가능하다.

5　月刊 SENIOR BUSINESS MARKET 2020년 9월호 72쪽.

하이브리드형 데이케어서비스의 이용 이미지

시간	오프라인 데이케어서비스	온라인 데이케어서비스
8:40	송영	
9:00	바이탈 체크	바이탈 확인
10:00	목욕 서비스	목욕 서비스 연계(홈 헬퍼와 연계)
11:00	기능훈련	기능훈련 라이브 / 온라인 영양 지도
12:00	중식	중식 라이브
13:30	기능훈련	기능훈련 온라인 PT, OT, ST 지도 온라인 체조 지도
16:00	송영	

데이케어서비스 운영 노하우 ―――――――――

앞으로의 데이케어서비스 경영은 그림과 같이 경영·운영의 공격과 수비의 매트릭스 구조로 정리할 수 있을 것이며, 4가지 영역으로 고객소통 강화, 이노베이션, OS버전 향상, 기초적 체력 증강으로 나누어 검토해야 할 것이다.[6]

	고객 소통 강화	이노베이션
공격	- 심리적 스트레스(불안감&고독감)의 경감 → 이용자의 ADL 회복~유지~향상 - 가족의 스트레스 주시, 배려간력 향상 - 새로운 수익원의 확보 - '임시적인 취급'의 적극 활용	- '비대면, 비접촉, 비집합', '생산성 향상'(ICT, AI, 개호 로봇 등의 추진 등)
	OS 버전 업	기초적 체력 증강
수비	- 감염증 관련 지식, 스킬 향상 - 3밀 완화를 의식한 기초 환경, 업무 프로세스 검토 - 업무 인력 감소화(부대 공정 삭감)	- 자금 조달(조성금, 보조금 활용 등 포함) - 코스트 다운 - 보상 재검토(리스크매니지먼트) - 직원 동기부여, 멘탈 헬스 매니지먼트
	운영	경영

운영×수비의 영역

운영×수비의 영역에서 시행하는 운영 OS의 버전 업이라고 불릴 수도 있다. 향후 '감염증 예방'이라는 키워드를 모든 활동의 기초에 둘 필요가 있기 때문이다. '개선'이라고 하기보다는 근본적인 '개혁'이라는 관점으로 신형 코로나 바이러스 감염증 긴급 포괄지원사업이나 개호분야에 있어서 효과적인 감염증 방지 지원사업 등 공적 지원 시책을 적극적으로 활용하면서 지식이나 스킬을 습득하고, 직장 내 기초 환경이나 업무 프로세스 전체를 재검토하고, 재건축할 필요가 있다.

――――――――――――――――――――

6   月刊 SENIOR BUSINESS MARKET 2020년 8월호 15쪽.

운영×공격의 영역의 테마는 고객 소통(심리적 연결)의 강화가 필요하다. 이용을 중지한 사람이나 계속하고 있는 사람도 Before 코로나 시대에는 상상할 수 없었던 불안이나 스트레스를 겪고 있을지 모른다. 그러한 상황에 대해 전문직으로서 어떤 자세로 커뮤니케이션을 제공해야 할 것인지, 온라인 툴의 활용이나 방문 서비스에의 전환과 개별적이고 구체적인 시책이 요구된다.

경영×수비의 영역

코로나 상황보다 이전에는 예측할 수 없었던 수입 감소, 직원의 심리 스트레스 증대 등이 부각되었다. 같은 상황이 앞으로도 발생할 가능성을 전제로 사업체로서의 기초 체력을 증강하는 것도 필요하다. 긴급포괄지원사업 안에서의 개호 종사자용 위로금 등을 활용하여 직원에게 생활상의 보상을 검토하거나, 추진 지원사업을 활용하면서 멘탈을 서포트하는 등, 가능한 한 불안을 없애는 방안을 마련하는 것이 중요하다. 자금 측면에서는 자금 조달, 비용 절감을 통해 여유자금을 최대한 확보하는 것이다.

경영×공격의 영역

경영×공격 영역에서의 주요 테마인 이노베이션, 비대면, 비접촉, 비집합에서도 업무 가능한 ICT의 도입은 감염 대책으로도 이어지고, 경영×수비의 영역에서 제시한 대로 직원의 안심을 증대시킬 수 있다. 이 영역의 중요한 테마로 '새로운 수익원의 확보(신규사업)'도 생각할 수 있다. 코로나 상황에서 '현재의 사업뿐만 아니라 앞으로가 불안'이라는 생각이나 위기감을 새롭게 더 강하게 느낀 사람도 있을 것이다. 이 기회야말로 미래를 준비하는 신규사업을 본격적으로 생각해야 하는 시기이다.

그 외 기본적인 운영 노하우

그 외에도 코로나 시대의 데이케어센터 운영에 있어서 리스크와 함께 보통의 생활을 유지하도록 하며, 데이케어서비스 센터는 폐쇄공간에서 개방공간으로의 전환이 필요하다.

또한, 이용자의 니즈를 정확히 파악하고, 근린 시설과의 정보를 공유하며, 신뢰 관계를 구축하는 등 유연한 경영에 대응하고 직원의 멘탈케어 체제 구축도 중요하게 다뤄져야 한다.

이러한 사업주 측의 노력과 함께 중증도 이용자가 지속해서 서비스를 이용할 수 있도록 사업 안정화를 위한 두터운 보수 체계도 제도적으로 뒷받침되어야 한다.

데이케어서비스 운영 전략 ─────────

단기적 시점

데이케어서비스는 코로나 상황에서 감염에 취약한 고령자가 방문하여 이용하는 서비스이기 때문에 주변 사람들이나 지역사회의 감염증 동향에 크게 영향을 받는다. 데이케어서비스에 다니는 것이 위험하다고 생각하는 사람도 있으므로 이 시기에는 공적 지원제도를 최대한 활용해야 한다. 코로나 감염증 긴급포괄지원사업을 통해 개호보험사업소에 대해서 위로금, 재개지원을 위한 환경 정비와 같은 비용 면에서 지원을 받을 수 있다. 지출 중 가장 큰 비중을 차지하는 인건비에 대해서 고용 조정 조성금의 이용도 검토해볼 수 있다.

감염증 예방을 위한 환경 정비에 힘을 쏟아야 하고, 보조금에 여유가 있다면 컴퓨터나 태블릿 등의 IT기기를 구비해두면 중장기적으로 사용할 수 있다. 이렇듯 단기적으로는 지출을 줄이면서도, 환경과 비품 정비를 염두에 두고 운영해 나가야 한다.[7]

중기적 시점

중기적 시점에서는 정보의 수집과 분석이 중요하다. 우선, 제공하는 서비스가 이용자, 이용 예정자에게 필요한 것인지에 대한 분석이 필요하다. 지금까지 제공하고 있는 서비스에 관한 연구가 필요한데 예를 들어, 자립 지원형 데이케어서비스를 운영하고 있다면 기능훈련의 컨텐츠에 신경을 더 많이 써야 한다. 감염 리스크가 큰 컨텐츠는 중지하고, 새로운 컨텐츠를 도입하거나 리스크가 적은 형태로 서비스를 제공할 수 있도록 방법을 보완해야 한다.

장기적 시점

데이케어서비스를 지속적으로 운영하기 위한 장기 전략은 그 데이케어서비스의 특징이나 규모에도 영향을 받겠지만 공통적인 부분도 있다. 첫 번째로, 수입과 지출의 균형이 중

---

7 月刊 SENIOR BUSINESS MARKET 2020년 11월호 70쪽. 12월호 46쪽.

요하다. 사업자는 정원을 100% 채우기를 희망하지만, 그때 필요한 인원을 파악하기 위해 80% 가동시의 수입과 인건비 등을 비교해서 어떤 쪽이 더 좋은 수지인가를 확인해야 한다. 의외로 사업소의 수지 균형을 이해하지 못하는 사람들이 많은데, 사업소 운영의 황금비를 발견해 낼 수 있어야 한다. 즉, 매출이 아닌 이익에 대해서 생각하는 것이 중요하다.

두 번째로 직원의 구성비 부분이다. 데이케어서비스에서 근무하는 경우 개호직에 자격 요건은 없다. 그런 상황에서 소수의 정직원과 다수의 비상근 직원, 한두 명의 파견직원으로 운영하는 것이 핵심이다. 아침 이른 시간과 저녁의 이용자 수는 비교적 적다. 따라서 핵심 시간에 인원을 확실히 배치하고, 다른 시간은 최소한의 인원으로 운영을 할 수 있을지 검토해야 한다.

마지막으로 서비스의 확장에 대한 검토이다. 코로나 상황 속에서 특수 조치로 commute(통소) 개호 사업소에 의한 방문 서비스의 산정이 가능해진 것은 커다란 의미를 지닌다. 자비의 보험 외 서비스로서 계속하여 제공하는 것도 고려하되, 기존의 자산을 활용해서 새로운 투자를 하지 않아도 되는 서비스를 생각하는 것이 전략이다.

뉴노멀 시대에 데이케어서비스는 어떻게 살아남을 수 있을까? 이에 대한 답은 시대의 변화를 감지하고, 빠르게 그 변화에 순응하며 대응해 나가는 것이라고 할 수 있다.

데이케어서비스의 방향성과 규모 ──────────

양극화하는 데이케어서비스(자립 지원형/치매 케어 특화형)

데이케어서비스의 방향성은 '양극화'이다. 즉, 자립 지원을 위한 서비스를 제공하는 자립 지원형에 식사와 목욕 서비스를 추가한 것과 가족의 개호 부담 경감을 위한 '치매 케어 특화한 의뢰형'으로 나눌 수 있다.

치매 케어 특화 의뢰형은 긴 시간을 전제로 데이케어서비스에서 지내는 것을 목적으로 한 서비스로, 사업소마다 차별화가 어렵다는 점에서 앞으로의 데이케어서비스의 운영 스타일은 체제를 견딜 수 있는 '자립지원형'의 운영이 많아질 것이다.[8]

자립 지원형 데이케어서비스의 운영 방법

자립 지원형 데이케어서비스는 상태의 유지 개선을 기본으로 데이케어서비스의 가산이 충실하다는 점을 보면 기능훈련을 확실히 제공하고, 성과를 높여 아웃컴 가산을 산정하여 경영을 안정화할 수 있다. 가산은 기능훈련가산과 생활기능향상연계가산, ADL유지 등 가산이 있으나, 모두 PDCA 사이클을 철저히 지켜야 한다.

메리트를 만들기 위한 '대규모화'

자립 지원형 운영 스타일의 메리트를 살릴 수 있는 것이 규모화하여 운영하는 것이다. 자립지원형의 경영상 약점이 되는 것이 이용자의 경도화와 단시간 이용이다. 인원 기준이 있는 한 법적인 직원 수를 배치하지 않으면 안 되기 때문에 필요 최소 인원 플러스 알파로 운영하고 있다. 여기서 말하는 플러스 알파의 인원수의 비율을 극소화하기 위해서는 정원 수를 늘리는 것으로 규모의 경제를 추구해야 한다.

---

8 月刊 SENIOR BUSINESS MARKET 2021년 1월호 64쪽. 2021년 2월호 66쪽.

대규모 데이케어서비스의 운영

① 명확한 컨셉으로 니즈의 다양성에 부응

이용자가 '이것을 할 수 있다', '이런 니즈에 응답해준다'는 이유로 서비스를 선택하게 만들어야 한다.

② 이용자의 목표 달성이 이미지화 가능한 서비스를 제공

컨셉을 명확히 잡으면, 그것을 얼마나 잘 표현하고, 제공할 수 있을 것인가가 중요하다. 단적으로는 컨텐츠를 충실히 하는 것이 중요하다. 운영할 수 있는 컨텐츠 양은 규모에 비례한다. 대규모의 메리트로 복수 컨텐츠를 진행하는 것은 이용자 관점에서는 선택지가 많아져 니즈에 맞는 서비스를 선택하는 계기가 된다. 자신의 니즈에 맞는 서비스를 받게 되면 목표 달성률이 향상되고, 결과적으로 '선택받는' 사업소가 된다.

참고로 규모가 적은 사업소에서 컨텐츠가 한정적일 때는 사업소마다 컨셉을 구분하여 복수로 필요한 경우에 이들을 병용하는 것도 좋다.

③ 감각이 아닌 데이터를 신뢰

이용자 수의 증가에 따라 정보관리는 어려워지기 마련이다. 니즈가 명확해도 운영진에서 제대로 파악하지 못하면 의미가 없다. 그런 상황을 방지하기 위해서는 시스템이 중요하다. 사람의 감각으로 운영하는 것은 예전 방식으로, 직접 서비스 이외의 부분은 데이터를 바탕으로 한 효율성과 정확성을 요구하기 마련이다. 대규모가 되면 다루는 정보의 양도 많아지나, 반대로 잘 해결하면 운영에 도움이 되는 데이터로 활용 가능하다.

데이케어서비스 경영 리스크 대응 ──────────

외출하지 않는 리스크와 이동지원 서비스 '복지 Mover'

외출하지 않음으로 인해 사용 가치가 상실하는 리스크에 대응할 수 있는 핵심이 ICT에 있다는 것을 생각해볼 필요가 있다. 고령자는 외출 기회가 많지 않고 그나마 장보기, 병원 진료, 데이케어서비스 참석 등의 외출로 인해 몸을 움직이게 된다. 하지만 이마저도 하지 못하면 거동하기 어려운 상태가 되는 경우가 많다. 외출은 단순히 밖을 나가는 것뿐만 아니라 다양한 자극을 마주하고 타인과 커뮤니케이션을 하는 계기가 되기 때문에 외출이 데이케어서비스밖에 없는 경우는 외출하지 않는 리스크가 더욱 클 것이다.[9]

상황에 따라 나갈 수 없는 환경에 놓인 노인들도 많다. 생활 중에 최소한의 외출은 계속하기 마련인데, 가족의 도움으로 외출하던 사람도 가족 포함 타인에게 폐를 끼친다고 생각하게 되고, 결국 외출할 수단이 줄어드는 상황에 직면하게 된다.

외출하고 싶어도 수단이 없어 못 하는 사람들에게 필요한 것이 이동 지원서비스 '복지 Mover'이다. 이것은 경제산업성에 의한 실증 실험으로 채택된 고령자용 교통서비스로, 데이케어서비스 사업소의 송영 차량을 사용한다. 이 서비스의 특징은 간단하게 배차되고, 개호시설의 전문 직원이 복지차량에 동반해준다는 점이며, 스마트폰 호출이 가능하다.

이동지원 서비스 '복지 Mover'와 개호보험 사업

복지 Mover의 이용자는 사전에 희망하는 5개 장소를 등록하고 스마트폰을 활용해 이용한다. 등록지점에서 등록지점까지 이동 수요를 올리면 협력복지시설의 송영 차량 중에서 가장 효율이 좋은 차량을 찾아 자동으로 배차하는 시스템이다.[10]

복지 Mover의 첫 번째 특징은 복지 차량과 복지시설의 직원이 이동지원을 해준다는 점이다. 개호보험사업소의 전문직원이 대응해주기 때문에 요개호 상태의 이용자도 안심하고

---

9   月刊 SENIOR BUSINESS MARKET 2021년 3월호 66쪽.
10   月刊 SENIOR BUSINESS MARKET 2021년 4월호 66쪽.

탈 수 있다. 두 번째는 간단한 조작으로 이용이 가능하다는 점이다. 어플을 통해 신청을 할 수 있고 배차 예정이나 소요 시간 등도 명확하게 표시되어 차량의 위치를 알 수 있어 이용자는 안심하고 기다릴 수 있다. 세 번째는 door-to-door 이동지원이다. 자택의 현관에서 슈퍼의 입구까지 등록된 장소에 정확히 안내한다.

　복지 Mover 자체는 교통약자에게 도움이 되지만, 데이케어서비스 사업소에도 메리트가 있다. 바로 센터에 오지 않는 날의 QOL 향상과 오는 날의 편의이다. 같은 서비스 내용의 데이케어서비스센터가 2개소 있을 때, 한쪽은 복지 Mover를 도입하여 센터에 오지 않는 날에 외출할 수 있고, 다른 쪽은 출석하는 날에만 가능하다고 할 때, 이용자는 어떤 쪽의 사업소를 선택할지 답은 명확하다. 이처럼 개호보험에만 의존할 수 없는 오늘날 보험 외 사업을 검토하는 것은 필수이다. 다만, 완전히 다른 서비스를 만들어내는 것이 아니라 보험 내외의 사업이 각각 작용해서 시너지 효과를 낼 수 있는 사업을 창출하는 것이 중요하다.

데이케어서비스와 방문개호의 조합 ──────

데이케어서비스와 방문 개호의 조합 운영 사례

자립지원특화형 데이케어서비스를 운영하는 '폴라리스 데이케어서비스센터'는 전국에 약 60개소, 이용자는 전국 약 550명에 이른다.

자립 지원에 특화된 데이케어서비스와 방문개호 서비스 조합은 약 6~7년 전부터 구상해 오던 것으로 이용자에게 빈틈없는 케어를 제공하기 위한 체제 구축을 목표로 한다.[11]

데이케어서비스와 방문개호 조합 사업의 배경

데이케어서비스에 다니지 못하게 되면, 대부분의 경우 ADL 저하로 이어졌다고 하지만, 결석하는 이용자라고 해도 자택에서 자립 지원 개호를 실천하고 활동량을 유지한 사람에게 ADL의 저하는 보이지 않았다. 즉, 자립 지원 개호를 이용자의 자택에서 제공할 수 있다면, 데이케어서비스센터에 가지 않아도 ADL의 저하를 방지할 수 있다. 이러한 발상에서 탄생한 것이 '자립지원특화형 방문개호'이다.

폴라리스 데이케어서비스센터의 자립지원특화형방문개호 사업화는 코로나 이전부터 구상하던 것으로 특별양호노인주택용으로 고안했던 자립지원개호의 이론을 시설에 입소하기 전에 데이케어서비스에서 확대해왔다.

그중에서 24시간 365일 관리 체제에 있는 특별양호노인주택 등과 비교하면 데이케어서비스는 센터에 가지 않는 날도 있어서 출석하지 않는 날까지 활동을 관리하기 쉽지 않다.

---

11   月刊 SENIOR BUSINESS MARKET 2020년 8월호 18쪽.

베테랑 개호복지사의 지속적 케어

1:1 서비스로 양질의 서비스를 제공하기 위해서는 자립 지원 개호를 숙지하고 있는 베테랑이 아니면 어렵다. 또한, 이용자에게도 데이케어서비스센터에서 친숙한 직원이 자신의 집을 방문하는 것이 좋다.

방문 시간은 대략 1시간 미만이며, 방문을 통해 혈압 체크, 수분섭취, 보행량 등 기본적인 건강을 확인한다. 단, 지자체에 따라서는 활동량을 높이기 위해 집 주변을 산책하는 것이 케어플랜으로 인정되지 않는 곳도 있어서 지역에 맞는 대응이 필요하다.

사업의 스타일은 소규모 다기능이나 간호 소규모 다기능 등 commute(통소)와 방문을 일체적으로 제공하기 때문에 재택의 한계를 극복한다는 지역포괄케어의 이념과도 상통한다.

고령자 모빌리티

고령자의 모빌리티 ——————————————

2019년에는 고령 운전자로 인한 교통사고 문제가 주목되었다. 경찰청에서는 면허제도 등 고령사회에 대응한 노력을 하고 있다. 자동차의 안전 성능이 향상되어 국토교통성은 피해 경감 브레이크(자동 브레이크)의 의무화를 안내하고, 지원형 차량 보급도 추진하고 있다. 그러나 지원형 차의 기능은 만능이 아니며 노인 운전자에 의한 사고는 피할 수 없다는 것을 간과하면 안 된다.

사고 방지에 가장 효과적인 것은 저속화이다. 국토교통성이 제창한 그린 슬로우 모빌리티는 19km/h 수준의 골프 카트이다. 속도가 느리지만 실제로는 그 정도의 속도가 쾌적하다고 호평을 받기도 한다. 그 외에 30km/h 정도로 달리는 초소형 모빌리티에 대해서도 동경모터쇼에서 다양한 차량이 전시되었다. 저속 6km/h대도 포함되어 경제산업성에서는 다양한 모빌리티의 보급을 목표로 노력하고 있다.

한편, 대중교통은 MaaS를 국토교통성과 경제산업성에서 실증 실험을 시작하였다. 미래에는 자동 운전 로봇 택시가 서비스를 할 것으로 예상되나 그 시기에 이르기까지는 아직 넘어야 할 관문이 많고, 기술 개발도 필요하다. MaaS 또한 제도 개편이 필요한 것도 있으나, 새로운 모빌리티의 수단으로서 기대가 된다.

모빌리티는 이동 수단으로 이동 목적 또한 중요하기 때문에 마을 만들기, 커뮤니티 만들기에 의해 고령자가 외출하고 싶어지는 형태로 만들어야 한다. 모빌리티 제약이 건강 상태의 악화로 이어지면 의료비용이 들어가기 때문에 모빌리티에 투자를 하더라도 사회보장비가 절감될 수 있는 크로스 섹터 효과도 고려해야 한다.

그린 슬로우 모빌리티 사례

'그린 슬로우 모빌리티'

고령자들이 사회와의 접점을 지속적으로 이어가는 것은 건강수명 연장이라는 관점에서도 중요하다. 고령 드라이버의 사고에 대해서 면허 반납을 통해 리스크를 줄이는 것만으로는 근본적인 문제해결이 되지 않는다. 노년기에도 이용 가능한 안전하고 쾌적한 이동 수단을 확보하려는 것이 그린 슬로우 모빌리티의 등장 배경이다.[1]

국토교통성 등이 보급을 지원하고 있는 모빌리티 서비스 '그린 슬로우 모빌리티'는 전동으로 시속 19km로 공공 도로를 달리는 4인 이상의 퍼블릭 모빌리티이며, 다음의 사진은 오노미치시(尾道市)에서 실증 중인 사례이다.

그린 슬로우 모빌리티 실천 사례[2]

국토교통성이 고령자의 이동수단 확보와 관광객에게 편리성이 높은 여행수단을 확보하

---

1 월간 시니어 비즈니스 마켓. 2020년 2월호 15쪽.
2 2020. 2. 8. 그린 슬로우 모빌리티 활용 사례 발표 자료. 오노미치시(尾道市)

기 위해서 저속, 친환경 제품인 그린 모빌리티 서비스를 보급하려고 추진 중이다. 2018년도 이후 보급을 위한 실증사업을 지원하고 있으며, 2020년 기준 전국 약 50여 개 지역에서 실증사업을 진행했다.

차량은 4, 7, 10, 16인승이 있으며, 4인승(경차)과 7인승(소형차)은 골프 카트, 10인승(보통자동차로 휠체어 리프트 사용 가능), 16인승(버스, 휠체어 리프트 사용 가능)은 미니버스를 사용하고 있다.

그린 슬로우 모빌리티의 평판은 비교적 좋은 편이며, 도어가 없는 차체에 천천히 이동하기 때문에 이동 중 탑승자와 보행자 사이에 커뮤니케이션이 가능해 즐거운 시간을 보낼 수 있다.

또한, 저속 운전을 하기 때문에 운전자도 실버인재를 채용하여 고령자의 사회참여를 독려하는 사례도 있으며, 그린 슬로우 모빌리티의 도입으로 자가용을 사용하지 않아도 되는 주거환경 만들기의 실천 사례와 사업화 사례도 있다.

동경 이케부쿠로(池袋) 'IKEBUS'

도심의 대표적인 활용 사례로 이케부쿠로의 'IKEBUS'를 들 수 있다. IKEBUS는 재개발이 진행되는 이케부쿠로의 볼만한 곳을 순회하는 전동 커뮤니티 버스로 7대가 도입되어 운행되고 있으며, 미니버스 타입으로 22인까지 탑승할 수 있다. 고유한 디자인이 임팩트가 있어 지역의 얼굴로도 활용되고 있다.[3]

미니버스 타입의 'IKEBUS'[4]

---

3 월간 시니어 비즈니스 마켓. 2020년 2월호 16쪽.
4 https://willerexpress.co.jp/business/ikebus/

Universal MaaS

　노인, 장애인, 외국인 등의 교통약자가 편리하게 이용할 수 있는 사회 실현을 위한 연계 방안을 생각해보자. 고령화로 인해 교통약자가 일상적인 쇼핑이나 병원에 다니기에도 어려움을 겪는 상황에서 ANA, 케이큐(京急), 요코스카(橫須賀)시, 요코하마국립대학(橫国大)이 이동에 지장이 있는 사람들을 위해 연계 협력하여 이동서비스 'Universal MaaS'[5]의 제공을 시작했다.

　'Universal MaaS'란, 고령자뿐만 아니라 장애인이나 외국인 등 다양한 이유로 이동에 지장이 있는 사람들이 쾌적하고 스트레스 없이 이동을 할 수 있도록 돕는 서비스로 공공교통기관의 운임 및 운행 상황, 배리어프리 환승 루트 등의 정보를 제공함과 동시에 이용자의 실시간 위치 정보와 필요한 지원 내용에 대해서 교통사업자, 지자체, 대학이 연계하여 이동을 돕는 것이다.

　이러한 산학관 공동 연계 프로젝트는 2019년 6월부터 시작된 것으로 하네다공항 제2 터미널에서 요코스카 미술관까지의 이동 시 활용가능한 고객용 어플(이동 시 지원이 필요한 휠체어 이용자용 어플), 서비스 제공자용 어플(도움이 필요한 이용자의 위치 정보와 속성 정보를 열람 가능)을 사용하여 휠체어 이용자와 각 서비스 제공자 쌍방의 의견을 반영한 Universal MaaS 프로토 타입을 구축했다.

5　월간 시니어 비즈니스 마켓. 2020년 3월호 7쪽.

에이징테크

에이징테크의 개요 ———————————

에이징테크는 의료, 보건 등의 헬스케어 분야에서 주거, 이동, 금융, IT 서비스 등 생활 전반에 걸쳐 노화로 인해 경험하게 되는 어려움을 극복하는 기술부터 여가나 교육 등 삶의 질을 높이는 서비스까지 폭넓게 적용된다.

국내에서는 '반려 로봇'이 보급되기 시작되어, 다양한 기업들이 에이징테크 로봇 개발에 나서고 있고, 지자체들은 반려 로봇을 고령자들에게 보급하기도 했다.

지자체에서 활용하고 있는 구체적인 예는 다음과 같다.

서울시 구로구는 스마트 토이 로봇을 고령층 대상으로 제공했는데, 이 로봇은 반응형 센서가 내장되어 있어 치매 환자 및 독거노인과 대화를 할 수 있으며, 치매 예방을 위한 퀴즈, 체조나 약 복용 시간을 알려주는 알람 기능도 탑재되어 있다. 마포구의 경우 우울증이나 만성질환, 인지 장애로 어려움을 겪고 있는 노인들의 정신 건강에 도움을 주는 반려 로봇을 제공하고 있다. 경기도 용인시는 치매 노인들을 대상으로 활동에 도움을 줄 수 있는 치매 예방 프로그램이 있는 돌봄 로봇을 제공하였다.

다음의 그림과 같이 4차 산업혁명의 핵심기술인 사물인터넷, 모바일, 빅데이터, 가상현실, 인공지능, 로봇 등의 융복합기술은 에이징테크 산업이 도움을 줄 것으로 전망한다. 이는 노화에 따른 고령자의 신체 변화와 기능 저하를 개선하고, 심리적으로 익숙한 생활환경을 유지하며 사회생활을 지속할 수 있도록 한다.

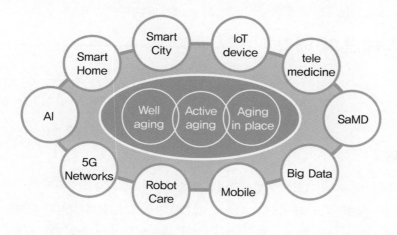

The Aging-tech Industry[1]

에이징테크 관련 기술별 메인 컨텐츠

주요 기술	관련 기술	메인 컨텐츠
IoT	반도체, 의사소통, 기술, 가전, 센서 등	방법, 가전, 에어컨, 조명 등
Mobile	소프트웨어 및 모바일 애플리케이션 등	노인 식이 및 건강관리, 진료 예약 등
Big Data	데이터 마이닝, 텍스트 마이닝, 감정분석 등	노인 의료 정보 및 생활기록부 수집 등
AI	전문가시스템, 퍼지이론 등	노인 맞춤형 의료, 질병 예측 등
Robot	센서, 로봇 통신, SW 컨텐츠 등	수술 로봇, 간병 로봇, 생활 지원 기능 수행

1 Kim, Kwangsoo, Lee, EunYoung, Lee, DonIl. (2021). A Study on the Use of Aging-Tech in Super-aged Society. Journal of the Korea Institute of Spatial Design, 16(6). 129-141. Figure 2) The aging tech industry

에이징테크의 배경

케어테크

일본에서는 2020년 11월에 일반사단법인 일본케어테크협회가 설립되어 활동하기 시작했으며, 케어테크는 Care와 Technology를 결합한 용어로, 일본케어테크협회에서 말하는 케어는 재택이나 시설에서 개호 업무, 매니지먼트, 운영업무 전반 등 폭넓은 영역을 포함하며, 인공지능(AI), IoT, ICT, 클라우드, 빅데이터 해석 등의 최첨단 기술 및 그것을 응용한 제품이나 서비스라고 정의한다.[2]

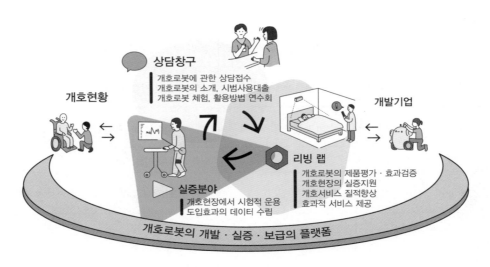

개호 로봇의 개발, 실증, 보급의 플랫폼[3]

---

2   月刊 SENIOR BUSINESS MARKET. 2020년 12월호 6쪽.
3   月刊 SENIOR BUSINESS MARKET. 2020년 9월호 7쪽.

후생노동성은 개호 로봇의 개발과 보급의 촉진을 위해 상담 창구와 개발 거점을 전국 각지에 정비하고, 개호 현장과 개발 기업을 지원하는 사업을 진행하고 있다. 2020년 8월 3일부터 '개호 로봇의 개발, 실증, 보급의 플랫폼'을 시작했으며 사업은 그림과 같이 상담 창구, 리빙 랩, 실증 필드의 3가지로 구성된 플랫폼이다.

상담 창구

개호 현장, 개발 기업 쌍방으로부터 개호 로봇에 관한 상담을 받아 니즈와 시드를 매칭하는 장소이다. 개호 현장에 대해서는 개호 로봇의 소개와 활용 방법에 관한 조언을 한다. 개호 로봇을 활용한 개호 현장의 업무 개선 방법 소개나 도입 사례, 개호 로봇의 제품 정보, 보조금, 기금 등을 소개한다. 또한, 개발 기업 측의 협력을 기반으로 개호 로봇을 전시 (약 30종), 시범 사용을 희망하는 개호사업소에게는 무료로 로봇을 대여해준다. 개호 로봇의 효과적인 도입과 활용을 위해서 지역에서 개호 로봇의 활용 사례와 개호 현장에서의 생산성 향상 방법을 소개하는 연수회도 개최한다.

한편, 개발 기업 측을 위해서는 개발을 위한 보조금 제도나 출전 가능한 PR이벤트를 소개한다. 또한, 개발한 제품의 평가와 효과 검증에 개발 지원 거점이 되는 리빙 랩의 연결 업무도 한다. 더 나아가 현장의 니즈를 반영한 개호 로봇 개발의 제안 내용을 취합하여 '니즈, 시드 연계 협조협의회'를 설치 및 운영한다. 이는 개호현장의 과제 해결을 위한 기술 매칭을 위해 개호 관계자와 개발 관계자가 협의하여 실제로 목업(Mock up) 작성까지 하는 장소가 된다.

상담 창구는 사업 시작 시점에 '국립장수의료연구센터'를 시작으로, 북해도(北海道), 아오모리(青森), 이와테(岩手), 사이타마(埼玉), 카가와(香川), 후지야마(藤山), 아이치(愛知), 효고(兵庫), 히로시마(広島), 도쿠시마(徳島), 후쿠오카(福岡)의 11개 도, 현에 설치되었다.

리빙 랩

실제 생활공간을 재현하고, 개호 현장의 니즈를 반영한 개호 로봇이나 서비스 개발을 촉진하기 위한 기관이다. 이 사업을 통해서 네트워크를 구축하고, 각각의 강점을 살려 개발 기업을 지원한다. 개호 로봇의 제품 평가, 효과 검증, 개호 현장에서의 실증 지원을 시작으로 개호서비스의 질 향상, 효율적인 서비스 제공을 위한 대규모 실증 등의 지원을 한다.

이 사업에 참여하는 리빙 랩은 시작 시점에서 사회복지법인 선광회 산타페 종합연구소의 'Care Tech ZENKOUKAI Lab', SOMPO 홀딩스의 'Future Care Lab in Japen' 국립장수의료연구센터의 '건강장수 지원 로봇 센터' 등 6개 기관이다.

실증 필드(개호 시설)

리빙 랩이 관계를 맺고 있는 개호 시설을 실증 필드로 한다. 협력하는 시설 측에서는 이미 최첨단 로봇을 시범적으로 사용함과 동시에 도입을 검토할 수 있다. 개발 기업에서는 개발한 개호 로봇의 시험적 운용이나 도입 효과 데이터의 수집 등을 실시한다.

업무 효율화를 목표로 개호 현장과 개호 로봇의 개발을 위해 니즈를 수집하고, 효과 검증을 희망하는 기업의 쌍방에 지원체제가 후생노동성 주도로 확립되어 향후 보급 확대가 가속화될 것으로 기대한다.

에이징테크 지원사업

ICT 도입 지원사업(지역 의료 개호 종합 확보기금)

개호사업소의 사업 효율화를 통해 방문개호원 등의 부담 경감 도모를 목적으로 하며, 대상은 개호사업소(개호보험법에 근거한 전 서비스)이다.

연도		보조 상한액	보조율	보조 대상
2019년		30만 엔 (사업비 60만 엔)	1/2 국가 2/6 도도부현 1/6 사업자 3/6	- 개호 소프트 - 태블릿 단말기 - 스마트폰 - 클라우드 서비스 - 타 사업자의 조회 경비 등
2020년도	당초	사업소 규모(직원 수)에 따라 설정 - 1~10인 50만 엔 - 11~20인 80만 엔 - 21~30인 100만 엔 - 31~ 130만 엔		
	1차 보정	사업소 규모(직원 수)에 따라 설정 - 1~10인 100만 엔 - 11~20인 160만 엔 - 21~30인 200만 엔 - 31~ 260만 엔		상기의 내용에 추가하여 - Wi-Fi 기기의 구입 설치 - 업무 효율화에 필요한 오피스 소프트(근태관리, 시프트 관리 등)
	3차 보정		일정 요건을 충족한 사업소는 3/4를 하한으로 도도부현의 재량에 따라 설정 그 외의 사업소는 1/2를 하한으로 도도부현의 재량에 따라 설정	

지원사업의 요건으로는 기록, 정보 공유, 청구의 각 업무의 일원화, 케어매니저 사업소와의 데이터 연계에 표준 양식의 활용, LIFE에 의한 정보수집에 대응, 도입 사업소에 의한 타

사업자의 조회 대응, 사업소에 의한 도입 효과 보고 등이 있다.[4]

사업소 내 ICT화(태블릿 도입 등)에 의한 개호 기록 작성, 직원의 정보 공유에서 청구 업무까지 한 번에 이어질 수 있도록 한다.

개호 로봇의 개발·보급의 촉진

지능화된 기계 시스템으로 로봇 기술을 응용하여 이용자의 자립 지원이나 개호자의 부담 경감에 도움이 되는 개호 기기를 개호 로봇이라고 하며, 이 로봇은 정보 감지(센서계), 판단(지능·제어계), 동작(구동계)의 3가지 요소 기술을 필요로 한다.

개호 로봇의 예

개호 로봇은 다음의 사진과 같이 이동 지원(장착형 파워 어시스트, 보행 어시스트 카트), 배설지원(자동 배설 처리 장치), 치매노인 돌봄(돌봄 센서) 등이 있다.

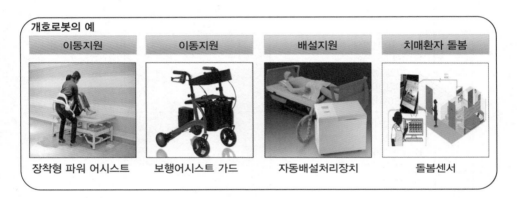

개호로봇의 예

이동지원	이동지원	배설지원	치매환자 돌봄
장착형 파워 어시스트	보행어시스트 가드	자동배설처리장치	돌봄센서

로봇 기술의 개호 분야 중점 분야

후생노동성은, 경제산업성과 함께 「로봇 기술의 개호 이용에 있어서의 중점 분야」를 6분야 13개 항목을 정해, 개발과 도입을 지원하고 있다.[5]

경제산업성과 후생노동성이 중점적으로 개발 지원하는 분야를 특정하고, 2017년 10월

---

4 후생노동성 홈페이지(https://www.mhlw.go.jp/stf/kaigo-ict.html)
5 개호 로봇의 개발 지원에 대해서. 후생노동성 자료. (https://www.mhlw.go.jp/file/06-Seisakujouhou-12300000-Roukenkyoku/2_3.pdf)

에 중점 분야를 개정하였으며 화장실 유도, 동작 지원, 생활 지원, 개호 업무 지원을 추가하였다.

민간기업·연구기관 등(경제성 중심)	모니터 조사 의뢰 등	개호현장(후생노동성 중심)
일본의 높은 수준의 공학 기술을 활용	→ ← 시범 작업을 위한 기기의 평가 등	개발의 초기 단계부터, 현장의 니즈 전달과 시범 작업을 위한 기기에 대해서 개호 현장에서의 실증(모니터 조사, 평가)

개호 로봇 활용 촉진

개호노인복지시설, 단기입소 생활개호에서 야근 직원 배치 가산에 대해 업무 효율화 등을 도모하는 관점에서 돌봄 기기의 도입을 통해 효과적으로 개호가 제공될 수 있는 경우에 재검토한다.

기존 야근 직원 배치 가산 요건	돌봄 기기를 도입한 경우의 야근 직원 배치 가산 요건
야근 시간대의 야근 직원 수: 야근 직원의 최저기준 + 1명분 인원을 많이 배치할 것.	- 야근 시간대의 야근직원 수: 야근 직원의 최저 기준 + 0.9명분의 인원을 많이 배치할 것. - 입소자의 동향을 검지할 수 있는 돌봄 기기를 입소자 수의 15% 이상 설치할 것. - 시설 내 돌봄 기기를 안전하고 유효하게 활용하기 위해 위원회를 설치하고, 필요한 검토 등이 이루어지도록 할 것.

코로나 대응 로봇, AI 기술 ─────────

ICT, IoT, AI, 로봇, 웨어러블, 모빌리티 등 활용

개호 현장에서는 감염 불안에서 개호서비스 이용자가 commute(통소) 서비스 등의 이용을 피하는 결과로 이어졌으나, 개호서비스 제공 측에도 감염 리스크 회피로 인한 직원 확보난에 직면하게 되었다. 더욱이 생활형 개호시설 등에서는 개호·케어 제공을 하면서 감염 방지, 예방 대책 도입을 실현해야 하는 과제에 직면해 있다. 개호업계에서는 직원 부족 문제가 심각한 상황에서 인원 배치가 더 어려운 상태가 되었다. 이러한 상황에서 로봇, AI 기술의 활용에 의한 코로나의 새로운 개호·케어 체제 구축에 관심이 쏠리고 있다.[6]

코로나 대응책으로서 주목받는 로봇, AI 기술

시설 내부를 자동 순회하면서 순찰을 하는 로봇, 또는 '아바타'라고 불리는 원격 조작 가능한 커뮤니케이션 로봇 등이 있다.

순찰 로봇은 개호시설보다 공장이나 상업시설에서 순회 경비, 순찰 업무의 최소 인원화를 목적으로 개발되었던 것으로 자동 순회를 위해 센서 종류의 저가격화가 진행되고, AI 학습 기능의 향상으로 자동 주행을 위한 지도 조작의 간편화도 실현되어 시장이 확대되고 있는 로봇이다. 또한, AI 기술을 사용한 영상 분석으로 개인 인식의 정밀도나 행동, 자세 분석 능력이 향상된 것에서부터 배회나 넘어짐 등의 이상 감지, 통보 기능도 실용 가능한 수준이 되어 코로나가 시작되기 전에 일부 개호시설에서 이미 도입되었다.

개호 로봇 개발 추진책과 현재 니즈의 괴리

코로나의 대응으로 로봇이나 AI 활용 사례로서 주목받고 있는 것은, 개호·케어에서 간접업무에 관한 것이었다. 개호 로봇으로서 정책적으로 중점 개발된 로봇도 포함되지만, 중심적인 것은 아니다. 개호·케어분야에서 개호 로봇 도입의 필요성이 높아진 것은 해당 분

6　月刊 SENIOR BUSINESS MARKET 2021년 3월호 22쪽.

야에 있어서 일손 부족이 원인이었다. 개호 업계의 구세주로서 로봇이 개호 종사자 대신 개호·케어를 한다는 미래상이 개호 로봇의 개발 및 도입 지원 정책을 추진하게 했다.

한편, 개호·케어분야는 개호보험의 영향으로 개호 분야에서 로봇, AI 기술 활용은 개호자의 직접적인 개호·케어 업무 경감, 피개호자의 운동, 생활 능력의 유지 및 향상을 위해 훈련 보조의 영역을 중심으로 활용되었다. 또한 기존의 개호복지 용구를 최신기술에 의해 자동화, 고도화하는 것을 목표로 한 직접적인 개호·케어의 보조 기기가 개호·케어분야에서 AI 활용의 중심이 되어 왔다.

2020년도에 코로나로 인한 개호 시설의 업무환경지원을 위한 개호 로봇 도입 촉진책(각 도도부현에 설치된 지역의료개호종합확보기금을 활용하여 개호 로봇 도입 지원을 확충)도, 지원대상은 승하차 지원, 이동 지원, 배설지원, 지킴 돌봄, 목욕 지원 등으로 이용하는 개호 로봇에 한정되었다. 지원대상 로봇은 코로나의 상황에 따라 새롭게 선정된 것이 아니라 기존의 지원대상을 그대로 이어받은 것이다. 보수 로봇 외에는 직접적인 개호·케어에 관련된 로봇이며, 코로나 상황에서도 그러한 로봇의 활용이 정책적으로는 뒷받침되고 있다고 할 수 있다.

AI 도입 시 주의점

AI 신규 도입 시 주의점과 향후 가능성

AI를 신규로 도입할 때 다음과 같은 사항들을 주의해야 할 필요가 있다. 'AI에 의한 개호 현장의 과제 해결을 위해 필요한 것은 무엇인가?', '현장의 과제와 기기는 적합한가?', '요구되는 유익한 데이터 취득 방법은 무엇인가?'와 같은 주의점을 예로 들 수 있다.

인력 부족, 생산성 향상, 개호 현장에 센서, AI, ICT를 활용한 다채로운 제품, 시스템의 공급이 빠르다. 그러나 현장에는 그 가치가 최대한으로 발휘되지 못하는 딜레마도 있다. 현장의 관점에서 필요한 질문을 던지고 그에 맞는 답을 찾아가는 노력이 필요하다고 할 수 있다.[7]

신규 도입 시 주의해야 할 점

시설 과제 추출	과제로 느끼고 있는 것이 자 시설만의 과제인지 아닌지 여부
	과제로 대두된 대상 업무 및 업무 종사 시간의 비중
적절한 기기 선택	선정된 기기는 효과가 확인된 것인가?
	시설의 특징에 부합하는 것인가?
	도입 실증 후에도, 계속해서 사용하고 싶은가?
현장의 정착	도입 PJT의 멤버는 정착을 위해 적극적으로 기여했는가?
	개선 요청이 나올 만큼 현장에서 사용되고 있는가?
	기기 제공 사업자로부터는 사용법 설명에 그치지 않는, 구체적인 서포트가 있었는가?

---

7   月刊 SENIOR BUSINESS MARKET 2020년 9월호 50쪽.

AI 활용 시 주의해야 할 점

개호보험제도가 피개호자의 개호에 필요한 시간을 점수화하고, 개호도별 보험 점수를 배분하는 것으로 생각하면, 개호 현장 혁신에서는 개호자가 피개호자와 마주하고 일을 진행하는 것에 보람을 느끼는 시간을 창출하는 것이 중요하다. 그것을 생산성 개선, 업무 효율화라는 말로 표현하면, 대면 원조 업무에 있어서 서비스의 질 저하로 이어질 것으로 오해할 우려가 있다.

AI의 활용 사례와 향후의 가능성

① 구조화 데이터로부터 요개호도를 예측, 생성한 사례

지자체가 가지고 있는 개호 관련 데이터를 활용한 요개호 예측 AI로 급여 실적을 학습시켜, 개인이나 지자체의 개호 비용까지 예측할 가능성도 있다.

또한, 개호보수 등 복잡해지는 인원 배치 기준을 시프트 최적화 AI가 임시로 조합하여, 시간이 오래 걸리는 시프트 조정을 자동화하는 것도 실현할 수 있다.

② 동영상을 통한 걸음걸이를 분석 및 가시화한 사례

이용자의 걸음걸이 분석에 대해서 숙련 물리치료사의 시점과 최신 연구논문의 결과 등을 AI화한다. 그 외에도 개호 직원의 용모, 언어 등으로부터 인간관계 등의 스트레스 체크로 이어지는 가능성 등도 생각해 볼 수 있다.

③ 음성, 파형(波形)에서의 음성 분석과 문장에서 자연 언어를 분석한 사례

개호 현장에서 사용되는 의사소통 내용으로부터 키워드를 추출한 음성 인식의 결과를 자동기록 하는 것이다. 개호 중이나 그사이에 기록이 가능하며, 개호자가 피개호자와 마주하는 시간의 창출로 이어진다. 또한, 음성 해석에 의한 인지기능의 평가나 개호자의 익숙함에 의한 절차 무시를 예방하기 위해서도 음성 인식이나 음성 합성을 활용한 차트봇 등에 의한 업무 지원 서포트도 생각해볼 수 있다.

향후 전 세계적으로 초고령사회를 맞이하여 많은 사람과의 커뮤니케이션 도구로서 AI가 활용될 것이지만 결국 센서, AI, ICT는 '사람'을 위한 도구라는 점을 기억해야 한다. 특히, 대인간 커뮤니케이션과 사회적 교류 활동이 적은 고령자의 자존감을 증진하고 보다 풍요로운 삶을 위해 AI가 쓰일 수 있는 방향으로 나아가야 한다.

IoT 시스템의 효과적 도입 ────────

IoT 시스템 도입을 위해 현장에서의 검토 사항

개호 현장에서 발생하는 돌발적인 인간의 움직임을 처리 및 대응하는 데는 AI 기술이 필요하다. 고령화가 가속하는 가운데 의료비, 개호 비용이 증대하는 사회 구조에서는 AI나 센서, 로봇, 개호 솔루션, 회선 네트워크 등 기존의 IoT를 조합해서라도 현장의 생산성을 향상하는 시스템이 필요하다. 인력 부족, 코로나 상황 등으로 정부나 지자체에서는 IT 보조금을 고려하고 있고, 현장의 개호사들에게도 IoT화에 대한 저항감이 엷어지고 있다.[8]

그러나 현실에는 개호 사업자에 IT 전문가의 부재를 돌봄이나 로봇, 센터 등 기존 제품의 SIer[9](=에스아이어, 시스템 인테그레이터)에 개호 현장의 IoT화 상담을 해도 그것이 결과적으로 투자 대 효과에 맞는 시스템인가에 대한 질문에는 사업자마다 운용 환경이 다르기 때문에 명쾌하게 답하기 어렵다.

예를 들어 로봇이나 센서, 돌봄시스템을 이용자의 서비스 향상을 위해 도입할 것인지, 건강 개선을 목표로 도입할 것인지, 직원을 지키기 위함인지 등 각각의 목적에 따라 운용 방법은 다르다. 한편, 사업소 내에서는 일정 기준치에 맞는 서비스 운영이 되고 있는지, 개개의 판단이 우선되고 있는지 등 개개의 사업소가 가지고 있는 기존의 운영 스타일과의 차이를 어떻게 채워갈 것인가의 문제도 있다. 이러한 도입 환경의 현실을 고려하여 사업자가 얼마나 IT, IoT화를 추진해 나가야 할 것인가를 시작부터 도입 결정, 가동까지 유의점, 리스크 등을 생각해야 한다.

시스템 도입을 위한 추진내용

① 새로운 시스템 도입 위원회 설치

지금까지 시스템 도입과의 차별화, 현장에서 관리 부분까지 모든 것을 포괄하는 시스템의

---

8 月刊 SENIOR BUSINESS MARKET 2020년 7월호 22쪽.
9 SIer는 Systems Integrator(시스템 인테그레이터)의 머리글자를 딴 줄임말로 IT업계의 업태 중 하나이며, SIer는 외부 기업으로부터 의뢰받은 시스템 개발을 수주함으로써 수익을 올리는 수탁 개발 업태임.

도입, 기존 시스템과의 연계도 필요하다. 특히 기록시스템과 돌봄 센서의 연계는 실시간 연계가 필요하다는 점에서 사업소 내 전 부서의 대표자로 구성한 위원회를 설치할 필요가 있다.

② 성공사례 검토

개호사업자의 IT, IoT 도입 성공사례는 다양하며, 그중 시스템 도입 효과를 직접 듣거나, 시스템 도입을 한 곳에 문의하는 것도 좋다. 공적 기관의 IoT 가동사례에 소개된 성공사례도 참고할 필요가 있다.

③ 시스템화 목표의 명확화

경영적 시점, 현장 운용의 시점, 관리 시점, 이용자와 그 가족의 시점 등 그 사업자가 중요하게 생각하는 포인트에서 시스템화를 검토해야 한다. 우선순위를 확실히 정하고 하나씩 성공으로 이어질 수 있는 단계를 밟아 나가는 것이 중요하다.

시스템 선택 시 중요 포인트

① 성공한 도입 실적 확인

IT, IoT 솔루션을 제공하는 기업에서도 부분 최적 시스템으로서는 다수의 실적을 가지고 있다고 해도 사업소 내의 전체 운용에서도 시스템 연계의 성과를 내고 있는지는 별개의 문제이다. IoT 시스템의 연계가 중요하기 때문에 이를 확실히 확인하는 것이 중요하다.

② 타사 시스템과의 연계 가능성 타진

타사 시스템과의 연계를 고려해야 한다. 초기에는 단독으로 운용한다고 해도 1년 후에 타사와의 시스템 연계가 필요해질 때, IoT 연계의 경우는 고액의 클라우드 서버를 활용하여 연계하기에 Web API 연계가 가능한지 사전 확인은 필수적이다. 만약 불가능해도 연계 비용이 적게 드는 대안을 준비해둘 필요성이 있다.

③ 도입 시 공사비용

개호 현장의 대부분은 기존 시설에 IoT 시스템을 설치하는 경우가 많다. 그래서 천정이나 출입문의 센서를 전지식으로 한 경우에도 빈번하게 교환하는 등의 인적 비용도 무시할 수 없다. 또한, 센서의 설치에는 시행착오가 따르므로 처음 결정한 위치를 바꿔 나가면서 최적의 위치를 찾아야 한다. 공사 방식에 익숙하지 않은 회사에 맡기는 경우, 높은 견적과 긴 공사 기간을 제안해 오는 사례도 있으므로 충분한 검토가 필요하다.

설치 경험이 많은 SIer에 의뢰하는 것이 좋으며, AI에 의한 페이스 인증 카메라라는 회사의 카탈로그 스펙과 현장 설치 장소의 밝기 차이로 크게 달라지는 경우가 있다. 이러한 점들을 충분히 사전에 확인하지 않으면 재설치 등의 비용이 들어가기 때문에 충분한 검토가 필요하다.

④ 운용 관리의 일원화

IT, IoT 시스템을 가동하고 있다고 해도 최소한의 인적 요원으로 시스템 관리를 하는 데는, 서버의 관리와 즉시 재가동하기 위한 리모트 유지관리, 하드 트러블 장애 등 모든 것을 일원화하여 관리할 수 있는지가 중요한 사항이다. 서버의 일원화를 추구하는 이유는 복수의 시스템을 도입할 시, 그만큼 사고 리스크도 높아지는 것이며, 도입한 각 시스템과 시스템 전체를 취합하는 SIer가 책임을 지고 대응해야 하기 때문이다. 개호 사업자의 다수는 전임 SI 대응 멤버를 두고 있지 않기 때문에, 현장은 일각의 여유도 없으므로, 이러한 백업 체제의 정비는 시스템 운영상 중요한 사항이다.

시스템 가동 이전과 이후의 유의점

① 가동 전 해야 할 일

다양한 실무 차원에서의 운용 테스트와 효과적인 운영이 가능하도록 활용할 수 있는 운용 매뉴얼의 정비가 필요하다. 근본적으로 후생노동성의 현장 생산성 향상을 위한 가이드라인도 업종 업계 상관없이 자사 내에서의 행동 가이드라인 선정이나 매뉴얼화가 추진되고 있다. IoT의 현장의 실무와 데이터의 활용이 밀접하게 연결되어 있으므로 사내 표준화 매뉴얼의 작성은 중요하다. IT 툴에서는 간단하게 가동하고, 시스템의 화면을 연결해 매뉴얼화가 가능한 제품도 있는 등 필요에 따라 검토한다.

② 가동 후 해야 할 일

가동 전도 중요하지만 본격적인 시작은 오히려 가동 이후로 볼 수 있다. 그 이유는 가동 이후에 전체 최적화 시스템으로 사내 개호 직원의 움직임이나 관리 부분의 움직임 등 개개의 업무 내용이 명확해져서 다양한 것이 보이기 시작하기 때문이다.

전체 정보의 공유와 가시화로 현장의 생산성 향상이 개개인에게 구체화해 가는 것이 이 시스템의 특징이다. 시스템 도입으로 이러한 변화가 직원, 이용자가 실감할 수 있게 된 때가 성공의 첫걸음이다. 이때의 성공은 지금까지의 시스템화에서의 성공과는 다른 것으로 더욱 높은 차원으로 올라가는 것이라는 사실을 잊지 말아야 한다.

개호 현장의 과제 해결을 위한 ICT·IoT·AI 활용 ————

ICT·IoT의 도입과 활용

개호에 있어서 DX화(디지털 트랜스포메이션화)의 난이도가 높다는 것이 현실이다. 그렇지만 인력 부족, 근무자들의 보람, 이용자에의 개호서비스 향상은 더는 피해갈 수 없다.

그러나 개호 현장에는 ICT, IoT 등이 도입되어 있으나 그것이 직원의 생산성 향상에도 이용자의 만족도 향상에도 성과가 나타나지 않는 경우가 많다. 그 이유는 시스템 도입이 '부분 최적'이라고 해도, '전체 최적'이 아니기 때문이다.

그 결과, 현장에서는 이중 입력이 발생하거나 오류가 남아 운영 효율을 방해하고 있다. 현장에 많은 수의 센서가 도입되어 그것과 연계한 기록 시스템이나, 센서 카메라 연계와 일지 입력에서의 청구 업무, 회계 처리 연계, 더 나아가 직원의 근태 관리에서 급여, 인사평가, 이용자의 가족과의 핸드폰으로의 정보 공유와 같은 형태로 통용되는 시스템 도입이 현장의 운용 형태에 맞는 형태로 가동됨으로써 명확한 효율화, 생산성 향상이 제고되었다.

IoT는 점포나 공장 등, 타 업계에서 실적이 있는 센서 기술이나 카메라 기술 등으로 저비용화되고 있다. 지금은 약 1/3 정도의 가격으로 정보의 정밀도가 높아져, 현장이 필요로 할 때 필요한 정보가 손에 들어오는 시스템 도입이 가능해졌다. 직원의 지속적 고용에도 긍정적 영향을 미치는 DX화를 목표로 시스템 도입을 고려하는 것도 의미가 있다.

AI의 개발과 도입

코로나로 인해 대면 업무가 곤란해진 상황에서 다양한 분야에서 DX 추진이 이루어짐과 동시에 AI에 의한 정보 분석은 생산성 향상, 업무 효율화를 가능하게 하므로 빼놓을 수 없는 재료이다. 개호 현장에서 피개호자의 상태는 십인십색으로 시설이 바뀌면 운용이나 운영도 달라진다.

2020년은 CHASE(과학적 개호 데이터 베이스)의 운용 원년이며, VISIT(재활에 관한 정보)나 개호기록 소프트와의 데이터 연계에 의해 'AI에 의한 개호 현장의 과제 해결을 위해 필요한 것은 무엇인가'를 현장에 있는 답, 즉 암묵지나 노하우가 형식지화되어 AI에서의 해결에 필요한 데이터가 개호 현장에 준비되는 시간이 될 것으로 생각된다.

후생노동성에서 개최한 '보건의료 분야의 AI 활용 추진간담회'에서 AI 개발을 추진해야할 중점 6영역이 선정되었다. 그중에서 '개호', '치매'는 실용화를 위해 단계적으로 추진해나갈 영역으로 자리매김하였다.

최근 몇 년 개호 분야에서 AI 개발은 케어플랜 작성지원이 주류였으나, 케어플랜 이외의 AI 개발을 시작한 프로젝트나 기업이 늘어났다. 오늘날 추진되고 있는 개호 분야의 AI 개발은 케어의 질 향상이나 효율화에 기여하는 것을 통해 사무업무의 부담 경감을 꾀한다.

예를 들어 개호의 질 향상, 효율화를 지원하는 것으로 요개호자의 상태(넘어짐, 배설, 배회 등)를 조기에 예측, 발견하여 알람 등으로 알려주는 AI, 케어플랜 작성지원, 치매의 조기 발견, 치매 케어 AI 등이 있다. 또한, 자동으로 개호 기록이 작성되어 사무 작업의 부담을 경감시켜 주는 개호 기록 작성 지원 AI나 방문 동선의 최적화 AI 등이 있다.

케어플랜 작성 지원 AI 실증 및 실용화의 단계로 접어들고 있으나, 현장 보급은 아직 애매한 단계이다. 현재의 AI는 인간의 감성, 인지나 창조성 등의 재현이 불가능하여서 '경청'이나 '공감' 등의 커뮤니케이션 능력이 중요한 개호 현장에서 요개호자에 대한 케어를 대체할 AI의 개발은 난이도가 높지만 앞으로 해 나가야 할 과제임에는 분명하다.

현장에서의 AI 활용을 추진하기 위해서는 카메라나 혈압 센서 등으로 상태를 지켜보는 AI나 사무 작업을 지원하는 AI 등 도입 효과를 얻기 쉬운 것부터 추진해 나가는 것이 중요하다.

With 코로나 시대 개호시설의 ICT 활용 수법 ─────

개호시설의 ICT 활용 사례

코로나의 유행으로 일본의 개호업계 ICT화는 어떻게 전개되었는가? 또한, 일본보다 엄격한 도시 봉쇄를 시행한 구미에서는 고령자 개호를 둘러싼 상황에 변화가 있었는가? 코로나 상황을 계기로 개호 업계에서 주목하고 도입이 진행된 일본 및 구미의 개호시설의 ICT 서비스 사례를 조사한 결과, 활용의 방향성은 3가지로 분류되었다.[10]

활용분류	사례 개요
온라인 면회	개호시설용 비디오 통화 서비스 사용 시스템: 사자 개발과 대기업 시스템의 활용으로 크게 구분됨 비디오 통화의 설정, 운영: 직원이 하는 경우와 로봇(AI)가 하는 경우가 있음
모니터링	ICT를 활용한 원격 모니터링 - 목적: 고령자의 고독감 완화를 목적으로 한 커뮤니케이션 중시 모니터링(돌봄)과 감염증 대책을 목적으로 한 건강상태 모니터링이 있음
백 오피스	비대면화 된 사무기록, 연락 접촉 기회의 감소 방법: 텍스트(메시지 툴)과 비디오 통화(TV회와 시스템)가 활용되고 있음

코로나의 유행을 계기로 국내외 상관없이 많은 기업이 단말기나 소프트웨어 등을 무상으로 대여하고 있다.

사례로 소개할 서비스의 대부분은 코로나 유행 이전부터 제공된 것으로 감염증 대책에 따른 사회 변화 때문에 주목받게 되었다. 이미 제공된 서비스라는 것도 영향을 미치고 있어서 대부분의 기업이 개호사업자나 고령자를 대상으로 무상 대여를 시행하고 있으며, 서비스 이용을 도모하고 있다는 점은 개호시설의 ICT화를 엿볼 수 있다.

───────

10 月刊 SENIOR BUSINESS MARKET 2020년 7월호 18쪽.

향후 개호 시설에서 ICT 활용 전망

코로나는 개호 현장에 막대한 부담을 끼쳤지만, 한편으로는 개호시설의 업무를 재검토하고, 개호시설 ICT화의 계기가 되었다. 의료현장에서도 코로나를 계기로 온라인 진료가 주목을 받고, 온라인 진료가 어떠한 상황에서 유효한지 현실적인 논의가 이루어졌다. 개호시설도 마찬가지로 온라인 대면이나 모니터링, 백 오피스와 같은 다양한 ICT 활용 방법에 대해서 논의할 기회가 되었다.

고령자의 인터넷 이용률은 60대 이상에서 대폭 늘어났고, 70대에서도 70%가 인터넷을 이용하고, 40%가 SNS를 사용하고 있다.[11] 엔드유저인 고령자는 물론이고 60대 이상이 많은 개호 직원 입장에서도 ICT는 밀접한 것으로 인식되고 있다.

이런 상황 속에서 정책적으로도 개호 업무의 ICT화는 추진되고 있다. 개호 현장의 ICT화에 의한 움직임 개혁 및 생산성 향상 실현의 관점에서 케어 기록 등의 전자화나 효율적인 근무 관리기능이 추진되었다. 개호 현장에서 ICT화가 진행되면, 기록 작성 시간이 단축되고 이용자를 지원하는 직원 간 업무 인수인계가 원활화되어 본래 업무인 케어에 주력하여 케어의 질 향상을 위한 시간이 확보될 수 있다. 정보 보안이나 표준화에 관한 과제는 남아 있지만, 정책적으로도 그 해결을 위해 검토가 진행되고 있다.

그러나 개호기록 소프트의 도입률은 시설 서비스에서 약 60%, 재택서비스에서 약 40%이며,[12] 전화나 팩스 등에 의한 연락 수단을 주로 사용하는 현장도 많다. 실제 개호 시설 내에서는 개인실의 인터넷 환경이 정비되지 않아서 ICT화를 정비하기 어려운 상황이며, 개호 사업자 중에는 소규모 사업자가 많아서 ICT에의 투자가 어려운 경우가 많다.

그리고 정부나 지자체는 보조금의 확충 등으로 ICT를 추진하고 있는데, 각 지자체는 지역 의료 개호종합 확보 기금(개호분) 등을 사용하여 ICT 도입을 위한 보조금을 확충하고 있다. 또한, 경제산업성은 중소기업에 대한 IT 도입 보조금을 마련하여 코로나 대책으로서 비대면형 비즈니스모델에의 전환과 텔레워크 환경 정비를 위해 IT 도입 메뉴도 늘려가고 있으며, 개호사업자도 활용이 가능하다.

---

11 총무성 '레이와 원년 통신료 동향 조사 결과' 2020년 5월
12 후생노동성 '미래 투자회의 구축 개혁 철저 추진 회합 제9회 회의자료 자료1-1' 2020년 4월

에이징테크 시대의 제론테크놀로지 ────────

제론테크놀로지

제론테크놀로지는 노년학(gerontology)과 기술학(technology)의 컨셉을 결합한 신조어이며, 1989년 네덜란드의 아인트포헨 공과대학에서 탄생했다. 고령사회에서 정치나 경제적인 입장에서뿐만 아니라, 기술의 관점에서 노인의 독립적이고 건강한 삶의 지원을 목표로 발족한 연구 분야이다.

제론테크놀로지의 목적은 노화로 인한 쇠퇴와 상실을 경험하는 노인의 욕구를 파악하여, 노인 삶의 질 향상과 지속 가능한 삶을 위해 기술적 지원책을 제시하는 것이다. 즉, 노인이 자립해서 건강하게 살아갈 수 있도록 자립 수명을 가능한 한 연장하는 것이다. 자립 수명은 건강수명의 사고방식에 가까운 개념으로 일본에서 자주 사용되고 있다.[13]

따라서 주거·건강·이동·언어·여가·노동 등 일상생활과 관련된 다양한 분야에서 노년층이 독립적인 생활을 이어나가고 지속적으로 사회에 참여할 수 있도록 돕는 기술을 연구·개발하는 데 중점을 둔다.[14] 다음의 그림과 같이 제론테크놀로지의 3층 모델을 보면 제론테크놀로지를 더 쉽게 이해할 수 있다.

제론테크놀로지의 지원 영역은 의학적으로 고치기 힘든 손발이나 감각, 뇌 장애를 지닌 사람에게 신체에는 큰 영향을 주지 않고 기능을 보강하거나 주변 환경을 개선하여 노인의 생활을 지원하는 범위라고 할 수 있다. 예를 들어 시력 상실 시 음성으로 컴퓨터를 조작하거나, 잘 들리지 않으면 보청기를 착용하는 것처럼 신체 외부에서 지원하는 기술을 의미한다.

---

13 ロノ町康夫. (2004). 高齢社会を活性化する研究分野「ジェロンテクノロジー」に関する総論. 人間生活工学 5(2). 1-3

14 [네이버 지식백과] 제론테크놀로지 (시사상식사전, pmg 지식엔진연구소)

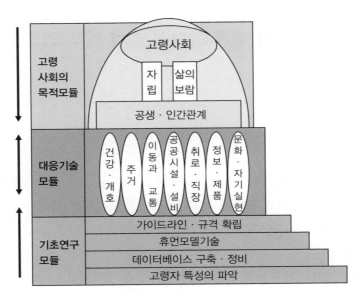

제론테크놀로지의 3층 모델

제론테크놀로지 대상에 포함되는 기술과 시스템

제론테크놀로지가 지향하는 영역은 의료 기술 영역에 저촉되지 않는 범위의 지원기술이므로 허약해진 신체 기능을 인공적인 기계나 환경을 통해 지원하는 배리어프리 개념과도 상통한다. 방법론적 측면에서 배리어프리 연구 성과, 유니버설 디자인으로 개발한 기기와 연계하면 제론테크놀로지 기술은 더욱 다양한 곳에 활용할 수 있다. 기대 효과로는 노인의 사회참여, 취업을 통한 노인 삶의 질 향상과 돌봄자의 부담 경감 등을 들 수 있다.[15]

예를 들어 사물인터넷(IoT) 분야에서는 노년층의 활동적인 노화(active ageing)를 지원하는 스마트 리빙 서비스가 등장하였다. 스마트 리빙은 인공지능 돌봄, 원격진료, 위급상황 시 도움 요청 연계 등 폭넓은 분야의 서비스를 제공하여 노인 세대의 고립을 예방하고 일상생활을 돕는데 큰 역할을 하고 있다.

국내에서도 보건복지부와 산업통상자원부 등 정부의 각 부처에서 '고령화 대응 산업 기본계획'을 마련하여, 원격 의료, 헬스케어 시장 창출, 정보통신기술(ICT) 활용 의료 서비스

---

15 도쿄대 고령사회 종합연구소. (2019). 도쿄대 고령사회 교과서. 행성B.

등을 실시 중이다. 또한 '고령친화산업진흥법'을 통해 실버산업을 육성하여, 노인복지를 도모하면서 고령사회에 대비하려는 전략을 추진하고 있다.

제론톨로지 산학연계 프로젝트

산학 연계에 의한 액션 리서치를 통해 100세 시대, 뉴노멀 시대의 과제해결을 도모하는 사례로 동경대학 고령사회종합연구기구가 있다. 동경대학 고령사회종합연구기구는 의학, 간호학, 이학, 공학, 법학, 경제학, 사회학, 심리학, 윤리학, 교육학 등을 포괄하는 종합적인 학문 체계로서 제론톨로지(노년학)의 구축을 통해 초고령 사회의 광범위하고 복잡한 과제 해결을 목표로 하고 있다.[16]

향후 85세 이상 고령자가 급증하는 반면, 코로나 상황으로 사회의 양상이 일변하고 특히 생활 및 건강의 문제는 보다 중대화하는 상황을 근거로 인생 100세 시대, 뉴노멀 시대에 요구되는 산업, 서비스, 시책에 대해 고찰하고 제론톨로지에 의한 산학 연계 방식에 대해 연구한다.

제론톨로지 아카데미의 공동 연구 7가지 영역은 고령자 지역 취업의 구조 개발, 노쇠 예방 산업의 창출, 생활 지원 산업의 창생, 주거 지역 재생 표준화, 제론테크놀롤지의 개발 보급, 사람과 마을 전체를 연결하는 정보시스템 개발, 지역포괄케어시스템을 지원하는 민간 사업 개발이다.

동경대학 고령사회종합연구기구는 전국 109개 지자체와 연계를 맺고 있으며, 이러한 산학관에 의한 단독으로는 할 수 없는 새로운 창출에 대한 민간기업의 관심을 끌어올리고 있다.

---

16 月刊 SENIOR BUSINESS MARKET 2021년 1월호 6쪽.

아이오로스·로봇 도입 사례 ——————

Gakken그룹은 2021년 1월부터 '아이오로스·로봇'을 개호형 노인복지주택과 서비스형 고령자주택 6개소에 도입하였다.[17] 6개 사업소에서 검증한 후에는 도입 사업소를 증대하고, 나아가 업계의 생산성 향상 및 사고 건수의 감소를 목표로 한다.

아이오로스 로봇

인공지능, 자율주행, 2개의 팔, 3D 시야를 가진 사람형 로봇으로 높이 100~130cm (늘임, 줄임 가능), 중량 70kg, 이동 속도는 시속 1.8km, 충전 4시간으로 6시간 연속 사용이 가능하다.

아이오로스 로봇은 AI 기계 학습 기능을 탑재하고 동시에 학습 내용을 클라우드에서 여러 로봇이 공유, 개별 피드백을 반복함으로써 시시각각 변화하는 환경과 주변 사람들에 적응할 수 있다.

기본 도입 비용은 1대당 월 15만 엔(관리비용 포함)이며, 개호분야에서는 아이오로스 로봇의 기능을 사용해 고령자의 지킴 돌봄이나 물건 운반, 오약 방지 확인 등의 업무를 할 수 있다.

17　月刊 SENIOR BUSINESS MARKET 2021년 3월호 34쪽. 日刊工業新聞. 2018/12/11. 'AI·機械学習機能搭載型 ヒューマン支援ロボット『アイオロス·ロボット』日本初上陸'(https://www.nikkan.co.jp/releases/view/86562) 日経ヘルスケア. 2020/01/24. 1月号特集「医療·介護 令和のソリューション」より, AI搭載 ロボットを導入、運搬業務などを代替へ. (https://medical.nikkeibp.co.jp/leaf/all/clinic/nhc/yorinuki/202001/563969.html)

노인복지주택 내 아이오로스의 역할

① 소독 작업

카메라나 적외선, 초음파, 센서를 사용해 시설 내 주위를 인식하면서 이동하고, 엘리베이터 패널이나 난간 등 접촉 빈도가 많은 곳에 자외선 소독을 하며, 코로나 감염증에 대한 방역 대책의 업무 효율화를 도모한다.

② 야간 순시

야간에 각 방을 순회하면서, 이용자의 지킴 돌봄을 실시한다. 이상을 확인하면 직원에게 통지가 가는 시스템이다. 생산성의 향상과 전도·사고 건수의 감소를 목표로 한다.

도입 사업소

도입 사업소	종류	소재지	세대 수	운영
파미뉴스미다	개호형 유료노인 주택	도쿄도 스미다구	83	메디컬 케어 서비스[18]
앙상블 오오미야		사이타마시 기타구	150	
앙상블 하마마쯔		하마마츠시 하마키타구	60	
코코팜 니시후나바시	서비스형 고령자주택	치바현 후나바시시	74	Gakken 코코팜
코코팜 니시하찌오지		도쿄도 하치오지시	54	
코코팜 죠도		오사카시 조토구	205	

---

18 Gakken홀딩스의 자회사

스마트 하우징 구상
_Charm Premier Grand 미나미 아자부

AI, IoT를 활용한 새로운 고령자시설 사업의 구축

데이터 활용을 베이스로 한 '스마트 하우징 구상'[19]에 대한 사례이다. 개호사업자는 두 가지의 과제를 가지고 있는데, 첫 번째는 인력 부족 문제로 현장의 인력 부족뿐만 아니라 이직률도 높고, 채용 비용도 더 드는 등 사업자의 경영과제라고 할 수 있다. 두 번째는 업무 효율화 문제로 개호 기록, 돌봄, 커뮤니케이션 등의 업무 분야에서 아날로그적 부분이 많으나, ICT를 도입함으로 인력 부족 해소나 업무 효율화를 실시하는 가운데, 그림과 같이 '스마트 하우징 구상'을 제시하는 기업도 등장하고 있다.[20]

이 플랫폼 구축에 있어서 파트너를 정하는데 향후 근거(evidence) 데이터나 빅데이터의 중요성이 언급되는 상황에서 데이터의 보유량이 강점이 되었다. 또한, 업무 효율화를 빠르게 추진하는 데 돌봄시스템이 중요한 역할을 하고 있어, 시설에 도입해서 실험한 결과, 현장의 직원이나 사업자로부터 상당히 좋은 평가를 받았다.

스마트 하우징은 건물과 센싱 기능을 일체화하여 새로운 부가가치를 창출하는 방식으로, 센서 등의 ICT 시스템을 건축할 때부터 건물에 효과적으로 도입할 수 있도록 제안한다. 입주자와 직원의 움직임과 위치를 실시간으로 파악하여 필요에 따라 지원을 할 수 있는 기능을 만들어 운영에 활용 가능한 건물 이미지라고 이해할 수 있다.

스마트 하우징 구상_Charm Premier Grand 미나미 아자부

건물 전체가 센싱 기능을 가진 새로운 노인주택이며, 건물의 외관은 보와 기둥으로 이루어진 격자를 디자인 코드로 한 격조 높은 형태로 완성했다.

---

19 스마트 하우징 구상: 65세 이상 고령자인구의 증가와 함께 고령자주택에 니즈가 높아지는 한편, 개호업계의 만성적인 인력부족 문제와 높은 이직률과 같은 과제에 당면해 있는 상황에서 AI나 IoT 기술의 활용으로 현장에서 일하는 직원의 업무 부담 경감과 선진적인 고령자주택을 실현하는 휴릭(주)의 독자적인 새로운 개호 비즈니스 구상을 의미(출처: 휴릭(주) 홈페이지)

20 月刊 SENIOR BUSINESS MARKET 2020년 7월호 39쪽.

또한, 계절의 채색을 느낄 수 있는 나무들을 설치하여 남쪽의 정원은 이웃과의 완충을 위해 상록수를 배치해 잎의 색과 형태의 변화를 즐길 수 있도록 했다. 시설의 내부는, 구조를 격자 형태의 프레임으로 하여 각 세대나 공용공간의 천장까지 커버하는 하이 섀시를 장착할 수 있도록 하여, 밝고 개방적인 공간으로 구성했다.

환경 면에서는 LED 조명을 사용해, 다이닝의 일부로 바닥 난방을 도입한 것 외에도 태양광 발전에 의한 공용부의 조명의 전력 공급, 자연 채광 확보 등으로 에너지 절약과 CO_2 삭감을 추진하고 있다.

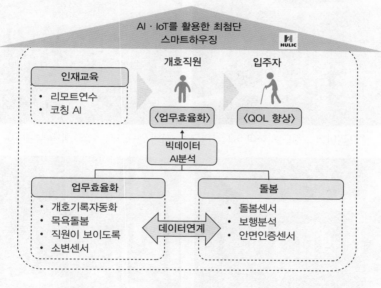

스마트하우징 구상

Charm Premier Grand 미나미 아자부(南麻布)는 2021년 2월에 준공되었으며 지하 1층, 지상 4층 건물로, 부지 면적 761.77㎡, 연면적 1,724.77㎡, 세대수는 총 32실로 전용 공간의 면적은 약 19㎡ 수준이다.[21]

참 프리미어 그랜드 미나미 아자부의(南麻布) 입구(좌), 남쪽의 외관(우)

참 프리미어 그랜드 미나미 아자부의(南麻布)의 엔트란스 홀(좌), 다목적실(우)

참 프리미어 그랜드 미나미 아자부의(南麻布)의 카페 공간(좌), 레스토랑(우)

출처: 휴릭(주) 홈페이지

---

21   https://www.charmcc.jp/home/charmpremiergrand_minamiazabu/

IoT 활용 사례_Kuraci familia 히카리가오카코엔 ──

IoT로 건강한 삶을 도모하는 크라치 파밀리아 히카리가오카코엔(Kuraci familia 光が丘公園)[22]은 북유럽 모던을 테마로 하여 쾌적성 높은 공간 디자인과 시대적 상황을 반영하여 감염증 및 방재 대책을 하였다.

크라치 파밀리아 히카리가오카코엔에서는 크라치 자체 개발의 혁신적인 헬스케어서비스를 제공하고 있다.

개요

시설명	크라치 파밀리아 히카리가오카코엔(光が丘公園)
소재지	동경도 네리마구 / 교통: 동경 메트로 유락쵸선
개설	2021년 2월 1일
유형	개호형 유료노인주택
입주 요건	혼합형(입주 시 요지원·요개호) (원칙 만 60세 이상, 요지원 1, 2 요개호 1~5)
사업 주체	(주)크라치
권리 형태	토지, 건물임차(임대차 기간 30년간)
부지면적	1,044.66㎡ / 연면적: 2,299.00㎡
구조, 규모	철근 콘크리트구조, 지하 1층~지상 5층
규모	54실(1인실 50실, 부부실 4실)
전용 면적	1인실: 18㎡, 18.96㎡/ 2인실: 39.11㎡, 45.78㎡
공용시설	레스토랑, 카페, 라운지, 건강관리실, 상담실, 미용실, 욕실(개인욕, 기계욕) 등
설계/시공	(주)라칸디자인연구소 / 新三平건설(주)

---

22 크라치 파밀리아 히카리가오카코엔 홈페이지 (https://www.kuraci.co.jp/house/famila/hikarigaokakoen/#section-roomplan)

감염증과 방재 대책에 충실

건물 입구에 카메라와 연동하여 비접촉 체온 측정을 할 수 있는 서모그래피 도입, 1층 공용부에 적외선 방식으로 공기 중의 바이러스 감소 효과를 기대할 수 있는 장치(에어로실 르드) 5대, 실내 온도를 유지한 채 환기를 시키는 장치(로스나이)를 설치하여 공기 환경의 안 전성과 쾌적성을 담보할 수 있도록 하고 있다.

방재 면에서는 침수를 방지하기 위해 높이 80cm의 방수벽, 출입구에 방수판, 지하에 오 수 핏트를 설치하여 재해에도 하수, 오물로부터 악취를 막고 화장실을 이용할 수 있도록 하였다. 또한, 정전 대비를 위해서는 비상용 전지 설비를 도입하고, 건물에 전용 비상용 콘 센트를 만들었다.

IoT를 활용한 '스마트 홈'의 실현

이미 크라치에서는 개호 기록을 떨어져 사는 가족에게도 공유할 수 있는 'LOOK 패드'의 개발 등 ICT화 되어 있으며, 한 단계 더 발전시켜 노 인주택 전체의 스마트화를 목표로 한다. 덧붙여, 'LOOK 패드'는 (주)크 라치사가 개발한 독자적인 개호 정

보 기록 시스템 '유카리아 케어'에 기록된 개호 서비스나 입주하는 노인주택의 정보를 가 족 등이 열람할 수 있는 케어 정보 공유 시스템이다. 개호 기록, 노인주택의 행사 안내, 화 상·동영상 등을 가족 등의 PC, 스마트폰 등으로 열람 또한 가능하다. 이처럼, 'LOOK 패 드'는 입주자에게 가장 소중한 가족과 정보 공유를 하는 것으로, 최적의 자립 지원을 촉구 하는 툴이 되고 있다.

방에는 커튼의 개폐에서 조명의 조도 관리, 에어컨의 온·오프 등 입주자가 스마트 스피커 를 통해 음성만으로 조작이 가능한 시스템을 설치하였다. 또한, 실내의 온·습도, 밝기, 사람 의 움직임을 감지하는 환경 센서, 도어의 개폐를 감지하는 개폐 센서, 에어컨의 가동 상황을 확인하고 원격 조작이 가능한 스마트 리모컨 장치 등도 있다. 특히, 입주자의 생활 리듬을 최 적화할 수 있도록 실내 조도 관리는 중요한 요소로 여겨진다.

다른 기존 시설에서도 호평인 경도의 인지 장애 조기 발견 및 치매 위험 감소 운동 프로

사무실

레스토랑

카페

라운지

루프 탑 발코니

외관

그램 '아타마카라다(頭体) 짐'은[23] 실적을 기반으로, 운동뿐만 아니라 먹고 싶은 것을 좋아하는 만큼 즐길 수 있도록 지원하는 식사 프로그램 'MOG'[24] 등 각종 서비스도 적극적으로 운영하고 있다.

---

23 라이프 스타일의 변화, 의료 기술의 진보 등에 의해 인생 100년 시대가 제언되는 가운데 '몸의 건강' '마음의 건강'에 더해 '머리의 건강'도 중요시되고 있음. 이 3개의 건강에 대한 사회적 요구에 대응하기 위해서 개발된 것이, 치매 리스크 경감 프로그램 「아타마카라다! 짐」. 유산소 운동을 하면서, 뇌의 각 도메인을 자극하는 과제에 임하는 듀얼 태스크 프로그램임. 가벼운 인지 장애(MCI)의 조기 발견 테스트를 정기적으로 받을 수도 있음.

24 「Meals of good life」의 머리글자를 취한 조어로, 식사를 즐기면서 건강 리스크를 예방해 건강하고 풍부한 인생을 보내 주실 수 있는 환경 만들기를 목표로 함. 풍부한 식생활을 서포트해 음식에 동기부여를 높이는 것으로, 저영양 리스크 예방에도 기여해, 건강수명의 연장을 도모. 영양 상태의 판단기준으로서, 3가지 중 어느 하나에 해당되면 「저영양 리스크의 조짐 있음」이라고 설정. 측정은 2개월에 1회 실시.
① 체중 입주시보다 5~10%/
② 체격지수 BMI 20.0 미만/
③ 근육량 SMI 남성 7.0kg/㎡ 여성 5.7kg/㎡

비용

다음의 표와 같이 입주일시금 방식과 월 지불 방식 중 선택할 수 있다.

입주일시금 플랜	
입주일시금	1인: 680만 엔~1,080만 엔, 부부: 1,980만 엔
월 이용료	1인: 22만 4,460엔, 부부: 44만 8,920엔
입주일시금 0엔 플랜	
보증금(시키킹)	월 임대료 상당 금액 2개월분
월 이용료	1인: 32만 6,460엔~38만 6,460엔, 부부: 74만 2,920엔

세대 전경(좌: 1인실, 우: 부부실)

일본 노인 주거 시장의 사업자

세이루카(성누가) 국제병원

일본의 경우, 2000년 개호보험 제도가 도입된 이래 노인주거 시설과 관련하여 다양한 사업 주체가 등장하면서 복지영역을 넘어 보험, 요식업, 금융, 부동산업 등 다양한 영역으로 그 범위가 확대되었다.

그중에서도 의료법인은 병원을 모체로 개호노인보건시설을 병설하고 있다. 병원에서는 입주자의 긴급 시 대응과 입·퇴원 서포트, 개호시설에서는 부대 서비스인 통원재활, 방문 개호사업, 개호예방센터를 연대한다.

세이루카(성누가) 가든

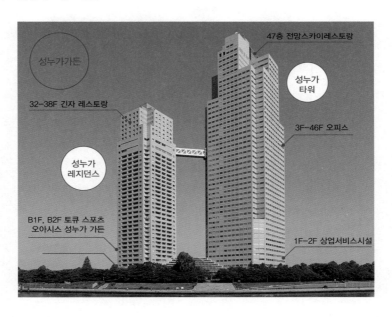

세이루카(聖路加) 국제병원은 선진화된 의료시설부터 요양 병상을 두고 있고, 의료와 개호 주택의 숙박 기능이 복합된 대형 복합시설을 운영하는 의료법인의 대표적인 예라고 할 수 있다.

2개 동의 초고층 빌딩에 시니어 라이프를 위한 도시형 레지던스[1]를 중심으로 호텔이나 레스토랑, 스포츠 클럽, 의료 및 개호시설, 오피스 등의 다양한 기능을 갖추고 있다. 즉, 의료, 직업, 주거, 배움, 여가 등을 융합시킨 도시 공간이라고 할 수 있다.

㈜하레코포레이션은 지역병원과의 밀접한 연계를 구축하고 있으며, 충실한 의료서비스를 토대로 하는 '안정감'을 내세워 입주율이 높은 편이다.

토지 소유자가 노인주택을 운영하고 의료법인은 건물 일부에 클리닉, 개호사업소 등을 개설해 입주자와 지역에 서비스를 제공하므로 의료법인은 임차료만으로 사업 확대가 가능하다.

공간 구성

세이루카(聖路加) 가든은 지하 3층에서 지상 47층으로 구성된 성누가 타워와 지하 2층에서 지상 38층으로 구성된 세이루카 레지던스 2개 동으로 구성되어 있다.

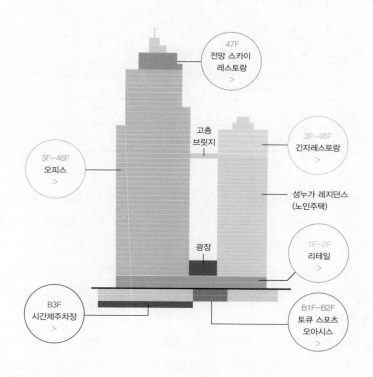

---

1 성누가 가든 홈페이지(https://www.sl-garden.jp/about/)

메시지

주식회사 메시지

(주)메시지는 2016년 3월 SOMPO그룹에 매각되었지만, 의료법인이 주체가 되어 노인주택을 개발한 하나의 사례로 소개하고자 한다.

주소	오카야마현 오카야마시 니시시 522-1
설립일	1997년 05월 26일
사업내용	개호보험법에 근거한 재택서비스사업, 노인주택 임대 및 관리 운영, 유료노인주택 · 서비스형고령자주택 · 그룹홈의 운영
자본금	39억 2,516만 엔(2015년 12월 말 기준)
종업원 수	연결: 17,872명(2015년 3월 말 기준, 파트 포함)
지점 · 영업소 수	시니어리빙 약 17,000실, 유료노인주택 183개, 서비스형고령자주택 121개 / 재택서비스 약 400개 사업소(2015년 12월 말 기준)
브랜드 이름	아뮤 외
매출액(연결)	789억 엔

1997년 5월 주식회사 메시지를 오카야마현 오카야마시에 설립하고, 오카야마 시내에서 개원의로 시작한 의사 하시모토 토시아키가 병원을 중심으로 특별양호노인주택, 보건시설, 케어하우스, 그룹홈을 공급하였다.

1997년 그룹홈 和蘭ハウス(SOMPO케어의 손포노이에오오후쿠(そんぽの家大福))를 설립하였고, 개호보험 시작 직전부터 '아뮤'(SOMPO케어의 손포노이에(そんぽの家))라는 브랜드로 시설 수를 확대했다.

당시 (주)메시지는 개호예방을 위해 노인이 오래 살아온 지역에 계속 거주하면서 개호서비스를 받을 수 있는 시스템을 만들고, 치매케어 서비스의 질적 향상을 마케팅 포인트로 삼았다.

운영을 위해 개호 스케줄 시뮬레이션 소프트인 액시스트(Axist)를 개발하여 분 단위로 직원이 케어 내용을 파악하고 검증 가능한 형태로 데이터를 축적하였다.

2007년 6월부터 개호형 유료노인주택(아뮤)의 입주일시금을 무료화하였는데, 이는 개인 지주를 중심으로 한 리스백 방식을 채용하여 개인실을 충실하게 하고 공용부를 단순화하여 입주금 제로를 실현했다.

SOMPO그룹의 ㈜메시지 자회사화 과정

2016년 3월 1일자로 ㈜메시지의 주식을 SOMPO그룹이 취득하여 자회사화했다.주식회사 메시지 주식(증권 코드 2400)에 대한 공개 매입(제2회)의 결과 및 자회사의 이동에 관한 공지를 공표하고 주식회사 메시지의 보통 주식에 대한 금융상품거래법에 의한 공개 매입(제2회)에 대해서, 결제 수속이 완료되었다.[2] 주식은 SOMPO 재팬 일본 홍아 홀딩스 주식회사가 91.13%, 손해보험 재팬 일본 홍아 주식회사가 3.50% 비율로 취득했다.[3]

---

2 2016年3月7日 SOMPO그룹 자료. '株式会社メッセージの株式取得（子会社化）の完了に関するお知らせ/ (https://www.sompo-hd.com/-/media/hd/files/news/2016/20160307_1.pdf?la=ja-JP)

3 ㈜메시지가 2016년 2월 12일에 제출한 제19기 3분기 보고서에 기재된 2015년 12월 31일 기준의 발행 주식 총수(20,080,000주)를, 분모로서 계산한 수치.

와타미개호

와타미개호

2015년 10월 SOMPO그룹에 210억 엔에 개호사업을 매각[4]하여 오늘날 와타미(和民)개호 (주)는 존재하지 않지만, 식자재 공급 업체가 노인주택 사업을 운영한 하나의 사례로서 다루기로 한다.

회사명	와타미(和民)개호(주)
소재지	도쿄도 오타구 하네다 1-1-3
설립	2006년 4월
자본금	9,500만엔 / 종업원 수: 2,931명
사업내용	유료노인주택 운영, 주택개호 지원, 방문개호, 방문간호, commute(통소)개호, 복지용품 대여
영업이익	20억 5,200만엔 / 수익: 146억 88만엔

와타미는 선술집 프랜차이즈의 경영으로 얻게 된 식재료와 유통과정에 대한 노하우, 네트워크를 기반으로 하는 식재료에 착안하여 노인복지업계에 신규 참여를 결정하게 되었다.

2004년 4월 와타미메디컬주식회사를 설립하고 2005년 3월에 노인주택 16개 시설을 경영하고 있던 (주)아르의 경영권을 취득하여 노인주택을 운영하며 개호서비스 산업에 본격적으로 참여하였다.

이곳에서는 일반적인 노인주택에서 접하기 어려운 유기농 메뉴로 구성된 차별화된 식사가 2013년 기준 월 5만엔 정도에 제공되었다 (일반적 노인주택은 6-7만엔 수준). 이자카야에 제공되는 채소 역시 유기농이고, 안전한 식재를 사용한 요리를 제공하는 배려가 판매 포인트가 되고 있다.

4　高齢者住宅新聞2015年10月13日 https://www.koureisha-jutaku.com/newspaper/synthesis/2015199/

사업 운용 및 전략

유료노인주택은 도중에 휴·폐업이 불가능한 사업이므로 와타미 개호는 먼저 1개소를 성공시켜 모델을 확실히 한 후 단계적으로 늘려 나가는 방식으로 사업을 운용하였다. 와타미개호에서 저가 주택을 실현하기 위해 구성한 경비삭감 전략은 다음과 같다.

① 입지는 대도시 교외나 지방으로 진출하여 토지비와 인건비를 줄임.
② 건축공법과 건물구조는 저층 경량 철골조 등을 우선시하여 층수를 줄임.
③ 운용비 감축 방안으로는 와타미의 강점인 식자재 사업의 노하우를 살려 운용비를 줄임.

외식 사업과 개호사업의 동일한 운용 포인트는 직원들의 동선을 의식한 시설 설계라는 점이다. 사각지대가 많으면 고객에 대응하기 위해 그만큼 많은 인력 배치가 필요하기 때문에 사각지대를 해소하여 설계하면 장기적으로 인건비 절감의 효과를 볼 수 있다.

이러한 결과 서비스를 줄이거나 식사 수준을 낮추지 않으면서도, 1엔이라도 더 저렴한 주택을 제공하고자 하는 기본 방침을 고수할 수 있다. 또한, 고령자 대상의 도시락 배달서비스를 도입하여 호평을 얻기도 하였다.

와타미는 '와타미의 집밥(ワタミの宅食)'라는 브랜드를 걸고, 마고코로씨(まごころさん)라 불리는 직원들을 고용하여 고령자나 혼자 사는 사람들에게 도시락을 배달하는 서비스를 제공하였다. 이러한 성공적인 사례를 보고 패밀리마트, 로손 등 편의점 역시 고령자 도시락 사업에 참여하게 되었다.

베넷세코퍼레이션

베넷세코퍼레이션

오카야마 시내에 '선라이즈 오카야마'라는 노인주택이 있었으나 1996년에 도산하게 되어 노인주택 시장에 대한 부정적인 시각이 많을 때, 베넷세코퍼레이션이 오카야마 시내에 '베넷세홈 크라라(그룹홈)'를 개설하였다.[5]

베넷세는 1997년에 개호보험 도입을 예견하고 입주일시금에 의존하지 않는 노인주택의 개설을 검토하였는데, 그 실험적인 시설 중 하나가 크라라이다.

크라라는 개호보험이 시작되기 전의 형태이므로, 입주자의 이용료만으로 운영하면 고액의 월 비용이 부담되어 입주자 모집이 곤란할 것으로 예상되어 낮은 가격으로 입주일시를 책정하였다. 인근 노인주택사업장의 부도로 인해 시장 분위기가 냉각되어 있었기에 실제로 초기에는 입주자 모집이 어려웠으나 개호보험이 도입된 이후 크게 개선되었다.

제공 상품과 지역의 고객층이 조화를 이루는 것을 중시하며, 2003년에는 베넷세스타일케어라는 자회사를 설립하였다. 그 후 의료기능을 복합한 노인주택인 '아리아'를 개설하였고, 아리아는 현재까지도 운영되며 터미널케어까지 가능한 시설로 성장하였다.

2009년에 봉세주르를 인수하여 중가형 브랜드를 추가하게 되면서 그림과 같이 제공서비스와 가격에 따라 6가지 유형을 설정하여 시설을 운영하였고, 최근 서비스형고령자주택 브랜드인 '리레'도 도입하며 총 7가지 브랜드를 갖추게 되었다.

즉, 사업 초반에는 저가형 브랜드로 노인주택사업에 진출하여 점차 고가형으로 사업을 확장하면서 수익성을 강화시켰고 지역사회의 욕구를 반영하면서 중가형 브랜드를 공략하면서 지속적으로 성장해 나가고 있다.

---

5   베넷세스타일케어 홈페이지(https://www.benesse-style-care.co.jp/?ui_inf_rou=organic/)

제공서비스와 가격에 따른 시설 포지션

제공서비스(자립에서 요양)와 가격에 따른 7가지 유형의 시설을 구분하면 다음의 그림과 같다.

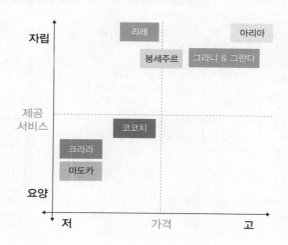

시설 유형별 특징 비교

7가지 유형의 시설별 특징을 비교하면 다음의 표와 같다.

구분	아리아	그라니& 그란다	봉세주르	크라라	마도카	코코치	리레
종류	개호형 유료노인 주택	개호형 유료노인 주택	개호형 유료노인 주택	개호형 유료노인 주택	개호형 유료노인 주택	개호형 유료노인 주택	서비스형 고령자주택
	주택형 유료노인 주택	주택형 유료노인 주택	주택형 유료노인 주택			주택형유료 노인주택	
Type	자립	자립/요양	자립/요양	요양	요양	요양	자립
비용	고가	중고가	중고가	저가	저가	저가	중가
개설	2003	2000	2010	1997	2002	2011	2014
총 시설 수	28	160	52	37	57	15	2

입지	방문간호각 켄코코팡너 싱을 설립	학습참고서 문리를 매수	고등진학학원을 운영하는 코신사를 매수	시진홀딩스 주식을 취득하신 지분법 적용 회사로 함	학습학원인 문리학원을 매수	보육사양성 교인 각켄 아카데미를 동경에 오픈	개호시설 운영의 메디칼케어 서비스를 매수
직원 체제	2:1 이상(일부시설은 2.5:1 이상)	2.5:1 이상 (일부시설은 3:1 이상)	2.5:1 이상 (일부시설은 3:1 이상)	2:1 이상	3:1 이상	3:1 이상	-
개호 여방 프로 그램	도쿄도 모든 시설에서 실시	일부 시설에서 실시	-	일부 시설에서 실시	-	-	-
피트니스	도쿄도 모든 시설에서 실시	일부 시설에서 실시	일부 시설에서 실시	일부 시설에서 실시	일부 시설에서 실시	-	-

Gakken그룹

Gakken그룹

Gakken(學硏)그룹[6]은 어린이용 교육 잡지, 아동용 도서, 참고서, 도감, 학습교실 등 어린이 교육과 관련된 상품, 서비스를 주 사업 대상으로 하는 회사이다. 하지만, 가장 주력하고 있는 사업은 노인복지, 아동 양육지원 등 의료복지서비스 사업으로서 사회과제 해결을 교육에서 복지로 확대해 나가고 있다.

노인복지도, 육아 지원도 핵심은 인력의 확보와 육성이다. 자신의 강점을 살려 간호사와 간병인 등 의료 종사자용으로 2011년에 시작한 e러닝 서비스는 약 1,200개의 병원에서 이용되고 있으며, 테마별로 연간 약 200개의 콘텐츠를 제공하고 있다.

노인복지+육아 지원 "Gakken판 지역 포괄 케어" 확립

요개호 노인뿐만 아니라 어린이·육아 세대·고령자 세대를 넘은 모든 사람을 대상으로 이음새 없는 서비스 제공을 목표로 하는 중장기 전략을 세웠다.

지자체와 제휴해 서비스형고령자주택, 개호·간호, 보육, 학동, 학습 학원 등의 시설을 같은 부지나 인근 지역에 개설해 지역 사회에 다세대 교류형 복합시설을 공급한다. 또한, 병설하는 의원이나 약국 등과 제휴해 신생기부터 종말기까지를 서포트한다. 앞으로는 메디컬케어 서비스의 전국적인 그룹홈망과 보완의 움직임도 고려하고 있다.

Gakken판 지역 포괄 케어 모델로는 서비스형고령자주택 "코코팡" 시리즈의 히요시(요코하마시), 요코하마 쓰루미(동), 카시와 토요 사계대(지바현 카시와시), 후지사와 서스테인블·스마트 타운(가나가와현 후지사와 시) 등이 있다. 그중에는 일반 가구용 임대주택을 병설하는 시설도 있다.

또한, 도시락을 재택 고령자에게 전하는 배식 사업이나 치매 예방 교실 「Gakken 어른교실」의 거점 수도 확대해 건강증진, 커뮤니티 형성 등 다양한 니즈에 대응하고 있다.

---

6 Gakken그룹 홈페이지(https://www.gakken.co.jp/)

연혁 및 M&A 현황[7]

연도	주된 연혁
1947	학습연구사 설립
2004	코코팡을 설립하고, 고령자 개호 사업 참여
2006	아스나로학원을 운영하는 동북베스트스터디를 매수
2007	진학학원인 핫라인을 매수
2008	제일생명 웰라이트서포터로부터 방문개호사업매수
	학습학원·개호복지사업의 수문사를 매수
2009	학습학원인 창조학원, 와세다스쿨을 매수
	지주회사로 이행하여 각켄홀딩스를 발족
2011	광고업 등 회사를 매수
2012	복지·개호시설을 운영하는 유미케어를 매수
	후쿠오카 착한아이학습사를 매수
2013	학습학원 잉크를 매수
	학습학원 전교연을 매수
2014	고령자주택의 기획설계개발하는 시스케어를 매수
2015	방문간호 각켄코코팡너싱을 설립
	학습참고서 문리를 매수
2016	고등진학학원을 운영하는 코신사를 매수
2017	시진홀딩스주식을 취득하신 지분법 적용회사로 함
	학습학원인 문리학원을 매수
2018	보육사양성교인 각켄아카데미를 동경에 오픈
	개호시설운영의 메디칼케어 서비스를 매수

---

7 https://maonline.jp/articles/archive_gakken201810?page=4

미츠이부동산그룹

미츠이부동산

미츠이부동산그룹[8]은 미츠이부동산 주식회사를 중심으로 주거, 쇼핑센터, 리조트, 호텔 등의 사업을 하고 있다. 특히 주거 분야에 있어서는 미츠이부동산 레지덴셜을 시작으로 그룹 기업의 연계 및 활용으로 생활에 관한 다양한 니즈에 대응할 수 있도록 '주거와 생활의 베스트 파트너'를 목표로 하고 있다.

미츠이부동산 레지덴셜웰니스는 미츠이부동산레지덴셜 100% 출자회사로서 2017년 9월에 설립된 시니어를 위한 서비스 레지던스의 영업·운영을 추진하고 있다.

(주)미츠이부동산 레지덴셜웰니스의 대표적인 브랜드는 파크웰스테이트이다.

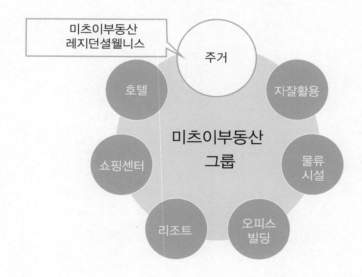

---

8   ロケーション | パークウェルステイト鴨川 | 三井不動産レジデンシャルウェルネス(mfrw.co.jp)

현재 파크웰스테이트 시리즈는 총 5개이며, 2개는 완공되어 운영되고 있으며, 나머지는 2023년과 2024년에 걸쳐 순차적으로 준공 예정이다. 구체적인 내용에 대해서는 사례 파트에서 소개하도록 한다.

	물건명	소재지	개업일
①	파크웰스테이트하마다야마	도쿄 스기나미구	2019년 6월
②	파크웰스테이트카모가와	치바현 가모가와시	2021년 11월
③	파크웰스테이트센리주오	오사카부 토요나카시	2023년 봄
④	파크웰스테이트니시아자부	도쿄 미나토구	2024년 가을
⑤	파크웰스테이트마쿠하리	치바현 치바지	2024년 가을

도큐부동산

(주)도큐e라이프디자인

회사명	(주)도큐e라이프디자인
소재지	도쿄도 시부야구 도젠자카 1-21-2
대표자	다나카 야스오
설립	2003년 3월
자본금	4억 엔
사업내용	고령자주택, 시설경영, 운영, 운영수탁, 고령자 회원 조직운영
수익	22억 8,700만 엔(2012. 12)

그랑클레르 타찌가와

그랑클레르 시바우라

클레르레지던스 요코하마

그랑클레르 아자미노

그랑클레르 세타가야
나까마찌

그랑클레르 아오바라이
니쯔메

그랑클레르 세이죠오

그랑케어아자미노

그랑클레르 센터메나미

클레르레지던스
사쿠라다이

그랑클레르 아오바다이

라이프닉스다카이도

그랑클레르
우쯔끄시가오카

그랑클레르 바지코엔

그랑클레르 후지가오카

2003년 ㈜도큐e라이프디자인이라는 자회사를 설립하여 노인주택 사업에 참여했다.

도큐의 대표적인 브랜드인 '그랑클레르'는 질 높은 주거공간과 호텔 같은 공용설비, 서비스가 준비된 공간이며, 요개호 상태가 되면 개호전용실로도 이동이 가능하다.

입주자들이 월 비용을 중시하는 경우가 많기 때문에 입주자의 실질 부담액을 낮추려고 노력하는데, 이때 입주 시에 드는 부담을 줄이기보다는 월 부담액을 줄이는 것에 주안점을 두고 있다.

입주자 대부분이 건강한 자립상태이므로 의사가 상주하지 않으며, 인근에 있는 의원과 MOU를 체결하여 의료서비스를 제공하고, 식사 서비스는 조식에 대한 니즈가 낮아 조식을 예약제로 운영하여 아침에 조리사 출근이 필요 없는 형태로 만들었다. 이는 인건비의 절감 차원에서도 유용한 방법이다.

대형 물건, 섬세한 서비스를 특징으로 도큐전원도시선을 중심으로 하는 지역에 집중된 시설로 차별화를 두고 있다. 저가격화된 새로운 시리즈들이 다양화되는 고객들의 니즈에 대응할 수 있는 시설로 자리매김하고 있다.

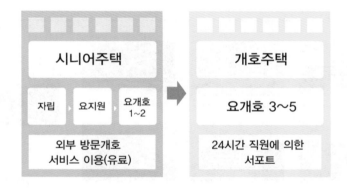

웰니스 사업

도큐부동산그룹은 웰니스 사업을 신주력 사업으로 선정하고 부동산 개발 노하우, 보유 토지를 활용하여 도큐 e-Life Design을 통해 노인주택 사업을 수행하고 있다.[9]

---

9 Wellness사업 | 도큐부동산(tokyu-land.co.jp)

- 시니어 라이프
  - 복합개발
  - 그랑클레르
  - 홈 클레르

- 리조트

- 피트니스
  - 도큐 스포츠 오아시스

- 도시형 호텔
  - 도큐 스테이

- 복리후생 대행
  - 복리후생 전반 토탈 솔루션

성장전략

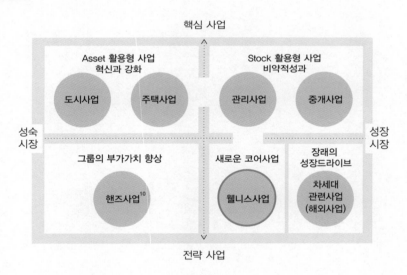

도큐부동산그룹은 시니어사업의 성공을 위한 진출 전략을 3가지로 정했다. 첫째, 자사 부동산 개발 및 생활 서비스 노하우 활용, 둘째, 그룹이 보유한 철도(도큐 덴엔도시선) 역 주변 부동산 자산의 활용, 셋째, 도쿄와 카나가와 지역을 주된 사업장소로 정하고 지역주민

---

10 도큐 핸즈(TOKYU HANDS)는 2022년 10월 1일부터 상호(회사명)를 '주식회사 핸즈' 로 변경. 핸즈사업은 기존 도큐 핸즈의 사업을 의미.

생활 수준에 맞는 고급화 전략의 수립이다.

이러한 방법들을 기반으로 웰니스 사업의 브랜드 가치 확립을 위해 접근성이 우수한 소수 거점(도쿄, 카나가와) 지역을 개발하고, 그 거점을 중심으로 고급화해 나간다.

주 대상은 자립지원 서비스를 액티브 시니어를 타겟으로 하며, 연 1~2개소를 신설하는 전략으로 점진적으로 확대해 나가고 있다. 또한, 일본 정부에서 시행하는 도시재생 프로젝트[11] 등에서 노인복지주택 기능을 활용한 복합 주거단지 개발을 하고, 지역포괄케어시스템의 거점 구축 및 다세대 교류 등 초고령사회로 인한 사회문제 해결방안을 제시하며 노인복지주택을 공급하고자 한다.

---

11 2016년 세타가야 나카마치 '세대 순환형 마을 조성' 프로젝트. 2019년 요코하마 도카이치바 '미래 환경 도시 추진 사업' 프로젝트. 2020년 시바우라 레지던스 '발전하는 환경 속의 레지던스 사업' 프로젝트 등.

나카긴 인테그레이션

나카긴 인테그레이션

회사명	(주)나카긴(中銀)인테그레이션(integration)
소재지	〒104-0054　東京都中央区勝どき2-8-12
홈페이지	https://integration.nakagin.co.jp/
설립	1972년 2월
자본금	5천만엔
사업내용	일반 맨션관리, 중고령자 전용주택 관리운영, 개호시설 운영, 부동산 판매, 부동산 중개, 임대업, 회원제 호텔 관리 운영, 개호지원사업 등
사원수	820명(2021년 5월 기준)

　창업자가 미국 고령자 전용주택을 시찰한 것을 계기로 일찍부터 일본의 고령화를 예견하였고, 1971년에 '라이프 케어'라는 브랜드명으로, 분양 방식의 중고령자 전용 맨션인 '나카긴(中銀) 라이프 케어' 사업을 시작하였다. 1984년에 이용권 방식의 개호형 유료노인주택 '나카긴 케어 호텔 아타미(熱海)', 1994년에 이용권 방식의 유료노인주택 '나카긴 라이프 케어 요코하마 키보가오카(橫浜希望ヶ丘)'를 개설하였으며, 운영은 나카긴 라이프 케어 홈(주)가 맡았다.[12]

　또한, 재택 개호 지원·방문 개호사업을 실시하는 라이프 케어 나카긴 아타미를 2000년에 개설해, 시니어 사업을 포괄적으로 운영하고 있다.

시니어 사업

　나카긴 인테그레이션의 시니어 사업은 자립형 시니어맨션, 서비스형고령자주택, 개호형 유료노인주택 등의 주거형과 재택개호, 방문개호, 데이케어서비스와 복지용품 대여 등의

---

[12]　나카긴 인테그레이션 홈페이지(https://integration.nakagin.co.jp/)

개호 서비스 사업을 수행하고 있다.

이와 같이 다양한 노인주택을 입주 시 건강 상태, 구입 시 자금조달 정도, 입주시스템에 의한 선택으로 분류하여 운영하고 있다.

  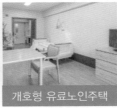 

| 자립형 시니어맨션 | 서비스형고령자주택 | 개호형 유료노인주택 | 개호 서비스 |

① 자립형 시니어맨션

전국 17곳(2022년 4월 기준)에서 운영하고 있다.

나카긴라이프케어 아타미　　　삿뽀로 히라기시텐진야마　　　삿뽀로 아이노사토

요코하마　　　　　　치바　　　　　다이아몬드지이란쇼난

② 서비스형고령자주택

입주자의 자립 지원이라는 사고방식을 존중하며 '도움이 필요할 때만 도움을'이라는 자세로 운영하고 있다.

라이브리하우스나카긴　　　　　그랜빌딩 유니버나까긴
　　　　　　　　　　　　　　　센리쪼쿠모다이

③ 개호형 유료노인주택

개호형 유료노인주택이지만, 주택에 따라 초기 입주 조건이 자립상태인 곳(요코하마, 효고)도 있다.

나카긴케어호텔 아타미　　　나카긴케어호텔 요코하마기보노오카　　　나카긴라이프케어
(입주시요지원 · 요개호)　　　(입주시요지원 · 요개호)　　　요코하마기보노오카(입주시 자립)

파스트랄카고가와　　　　　파스트랄아마가사키
(입주시 자립 · 요지원 · 요개호)　　　(입주시 자립)

④ 개호 서비스

재택 개호 지원·방문 개호·데이케어서비스·복지용품 대여를 실시하고 있다. 재택 개호 지원이란, 케어 매니저가 개호 전반에 걸친 상담을 하고, 그에 맞는 적절한 서비스를 이용할 수 있도록 개호 서비스 계획(케어 플랜)을 작성하는 것이다.

재택 생활을 서포트하는 방문 개호와 식사나 목욕 등 일상생활 지원, 기능 유지 훈련, 레크리에이션 등의 서비스를 이용할 수 있는 데이케어서비스와 더불어 복지용품 대여 사업도 하고 있다.

SOMPO케어

손해보험회사인 SOMPO그룹은 2015년 12월부터 개호 사업에 참여하고 있다. '안심, 안전, 건강의 테마 파크'를 목표로 보험의 틀에 갇히지 않고 사업을 영위하고 있으며, 일본 내 손해보험사업, 해외 보험 사업, 국내 생명보험사업에 이어 네 번째 축으로서, 개호·헬스케어 사업을 추진하고 있다.

SOMPO케어 개요

SOMPO케어 개요	
종업원수(2021년 3월 연결)	23,611명
매상고(2021년 3월 연결)	1,318억엔
시니어리빙거실수	27,000실
개호홈수	307동
서비스형고령자주택	145동
주택서비스	561사업소

진입 당시는 '왜, 손해보험회사가 개호를?'이라는 질문을 많이 받았으나, 보험도 개호도 사람이 생활을 지속해나가기 위해 필요한 것이고, 생활에 밀착되어 있다는 공통점이 있다. 보험업계의 성숙화, 그리고 인구 감소와 고령화가 진행되는 일본에서 보험만이 아니라 일상적으로 접점을 가지고 있는 것으로 안전하고 안심할 수 있으며 건강한 생활에 기여하고 싶다는 것이, SOMPO그룹이 개호사업에 참여하게 된 기본적인 동기이다.

SOMPO는 개호사업 진입 후 2018년도까지 약 3년간, 내부 관리 체제의 정비, 조직의 일원화, 합병 등 체제 정비, 기반구축에 주력했다. 업적 면에서는 2016년도는 적자였으나, 2017년도에 흑자로 전환되고, 이후도 수입과 이익이 증가하여 지속 가능한 사업모델을 구축하였다.

SOMPO가 목표로 하는 '지속 가능한 사업모델'이란, 처우개선과 직장환경 개선에 의해 개호직의 사회적 지위가 향상되고, 이직률이 개선되어 인력이 정착, 결과적으로 안정된 공급력이 확보되는 선순환 구조를 의미한다. 나아가 생산성 제고를 통해 사업을 계속 운영할 수 있는 이익률을 확보하고 있다. 이를 위해서 전문성이 높은 기술과 지식, 멘탈리티를 몸으로 익히기 위해 인력교육과 테크놀로지의 활용이 필요불가결하다. 고령자의 QOL 향상과 현장의 업무 부담 경감 등을 목표로 하여 효율적으로 테크놀로지를 활용하면서 사람이 할 수 있는 개호에 집중할 수 있는 환경을 정비해 나가려 하고 있다.

또한, 2020년 4월 SOMPO가 개호사업운영을 통해서 쌓아온 노하우를 다른 개호사업자에게 제공하고, 사업운영을 서포트하는 서비스 '비지니스 프로세스 서포트(BPS)'를 시작하였다.

업계매상고 순위

(억엔)	매년 실적			전년비증감	
	매상고	영업이익	영업이익률	매상고	영업이익
A사	1,537	158	10.3%	+23	▲5
SOMPO 케어	1,318	95	7.2%	+34	▲28
B사	1,238	103	8.3%	+9	▲9
C사	932	28	3.1%	+20	▲13
D사	632	25	4.1%	+51	▲1

실적추이

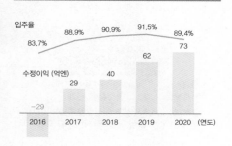

사회공헌형 사업추진

개호사업 진입 이후 초고령사회의 다양한 과제와 사업을 진행하고 있는데, 그중 하나가 치매 관련이다. 치매 문제에 대해서 개호뿐만 아니라 보험사업을 포함한 사회공헌을 목표로 하기 때문에 2018년 10월 'SOMPO 치매 서포트 프로그램'을 시작하였다. 목표는 '치매를 준비하고, 치매가 되어도 자신답게 생활해 나갈 수 있는 사회'이다. 이를 위해서는 치매에 관한 사회적 과제인 고령자, 치매 환자에 대해서 편견이나 차별이 없는 사회를 만들어야 한다. 그룹 회사의 SOMPO 히마와리생명에서는 MCI(경도인지장애)의 단계에서 보험금을 지급하는 보험상품을 개발하거나, SOMPO홀딩스와 국립장수의료연구센터가 산학협동으로 치매를 시작으로 하는 고령자 건강증진에 관한 연구를 실시하는 등 그룹 전체적으로 치매에 대한 업무 추진을 심도 있게 하고 있다.

개호프라이드가 있는 인력 육성

SOMPO케어 유니버시티는 지식과 기술에 더해, 높은 멘탈리티를 발휘할 수 있는 '개호 프라이드'를 가진 사원을 육성해 나가고 있다. 현재는 동경, 오사카의 2개소에 거점을 만들어 두고, 외부에서도 유상으로 교육에 참여할 수 있도록 개방하고 있다. 유니버시티를 전국의 사원이 활용하는 효과는 정확히 나타나고 있으며, 교육내용은 사원의 정착과 채용에 선순환으로 이어지고 있다.

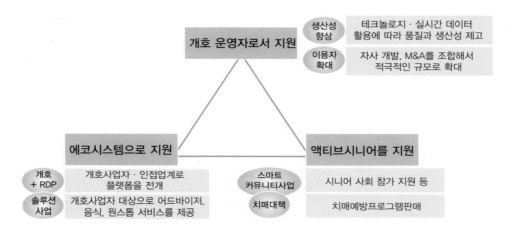

개호·시니어 사업전략

저자 약력

유선종(劉銑鍾, Yoo Seon−Jong)
✉ yoosj@konkuk.ac.kr

현) 건국대학교 부동산과학원장 겸 부동산대학원장
예산고등학교 졸업
건국대학교 부동산학과 졸업
日本大學 大學院 不動産科學 專攻 修了(工學 修士, 學術 博士)

최희정(崔希貞, Choi Hellen)
✉ egaohellen@gmail.com

현) ㈜리브워드 상임고문, 건국대학교 부동산대학원 겸임교수
日本福祉大学 사회복지학부 보건복지학과 졸업(보건복지학 학사)
日本福祉大学 대학원 사회복지학연구과 졸업(사회복지학 석사)
연세대학교 사회복지전문대학원 졸업(사회복지학 박사)

초고령사회 뉴노멀시리즈 1권

초판발행	2023년 3월 2일
지은이	유선종·최희정
펴낸이	안종만·안상준
편 집	김민조
기획/마케팅	노 현
표지디자인	이영경
제 작	고철민·조영환
펴낸곳	(주)박영사
	서울특별시 금천구 가산디지털2로 53, 210호(가산동, 한라시그마밸리)
	등록 1959. 3. 11. 제300-1959-1호(倫)
전 화	02)733-6771
f a x	02)736-4818
e-mail	pys@pybook.co.kr
homepage	www.pybook.co.kr
ISBN	979-11-303-1716-8 94330
	979-11-303-1715-1 (세트)

copyright©유선종·최희정, 2023, Printed in Korea

정 가   18,000원